ハゼと勝負する

鈴木和明
Kazuaki Suzuki

文芸社

まえがき

ハゼと勝負する——これが私のいつもの気持ちです。

二〇年間、江戸川放水路でハゼを釣ってきました。単なる釣り人から、趣味の釣りへ、そして道楽の釣りへと昇華できたと思っています。

私のハゼ釣りの目標は、一日に一〇〇〇尾を釣ってみたいというものでした。

それが近年は少し変化して「一〇〇〇尾釣れる時季でさえあれば、いつでも当たり前のように一〇〇〇尾釣れる実力を会得する」という目標を掲げています。

二〇〇八年のシーズンは「空から何かが降りてきて私に取り憑いた」と表現してよいような神がかり的釣果を記録しました。

現代風に言えば「質的変化があった」ということでしょうか。私の心と釣技のあり方に「飛躍」があったと考えています。

人間、いくつになっても進歩できると実感しています。

本書は、二〇〇八年のハゼ釣りシーズンに、一日一〇〇〇尾以上の釣果を連続二二回達成した釣行記録をまとめたものです。

これは私の自己記録であると同時に、おそらく江戸川放水路での記録でもあると思っています。

この連続記録は、未曾有の青潮被害の発生により、劇的な頓挫をきたします。江戸川放水路に棲息するハゼの九〇％以上が死滅したとも噂される、まさに壊滅的な被害でした。死んだハゼの総数は、私の個人的見解ですが、最低一〇〇〇万尾以上であろうと推定しています。あるいはもっと多いかもしれません。人知を超えた被害と申し上げておきます。

本書では、この青潮被害と江戸川の洪水の模様を後世に伝えるべく、資料として収録しました。何かの役に立てればうれしい限りです。

なお本書は、既刊『僕らはハゼっ子』『江戸前のハゼ釣り上達法』『天狗のハゼ釣り談義』（いずれも文芸社刊）とともに、江戸川のハゼ釣り四部作を成すものです。

二〇〇九年二月吉日

鈴木和明

Daiwa

Daiwa
イトウ

目次

まえがき　3

1. 初戦を制する――今年のハゼは湧きが良さそう　12
一〇束釣り一回目　六月二日（月）一〇三五尾

2. 秘訣はハゼの着き場の水深を早く察知すること　21
一〇束釣り連続二回目　六月六日（金）一〇八九尾

3. 来年のための下見で大釣り　27
一〇束釣り連続三回目　六月九日（月）一一二四尾

4. 中流域のゴロタ周辺で釣る　36
一〇束釣り連続四回目　六月一六日（月）一二一七尾

5. 強風に負けずハゼを探し当てる
一〇束釣り連続五回目　六月一九日（木）一一〇七尾　46
6. 朝の五時間で一一一六尾
一〇束釣り連続六回目　六月二三日（月）一五六九尾　53
7. 親指に穴があいて全治一週間
一〇束釣り連続七回目　六月二五日（水）一三六四尾　59
8. 型揃いと一〇束の二兎を追って成功
一〇束釣り連続八回目　七月二日（水）一二七八尾　64
9. 魚影の濃いポイントをどう攻略するか
一〇束釣り連続九回目　七月八日（火）一二一九尾　72

目次

10. 二本ザオのミャク釣りは置きザオで
一〇束釣り連続一〇回目　七月一〇日（木）一四一〇尾　81

11. エサつけ次第でアタリは出せる
一〇束釣り連続一一回目　七月一六日（水）一一七七尾　89

12. 酷暑の夏はハゼも避暑地へ移る
一〇束釣り連続一二回目　七月二二日（火）一一二一尾　97

13. 偶然が重なれば結果は必然となる
一〇束釣り連続一三回目　七月二五日（金）一三五三尾　105

14. 失敗率が五割なら勝負してみる
一〇束釣り連続一四回目　七月二八日（月）一三三五尾　114

15. 釣れないほどつまらないことはない
一〇束釣り連続一五回目　七月三一日（木）一一五八尾
120

16. 一本のハリに二匹のハゼ、しかも七回
一〇束釣り連続一六回目　八月四日（月）一四八三尾
126

17. アタリを出すために振り込みを繰り返す
一〇束釣り連続一七回目　八月八日（金）一二三五尾
133

18. ハゼを狂ったように夢中にさせてしまう
一〇束釣り連続一八回目　八月一一日（月）一四三八尾
142

19. 小型が多いのはハゼの新規供給が続いている証拠
一〇束釣り連続一九回目　八月一四日（木）一二一七尾
147

目次

20．海草が繁茂すると大釣りできる
一〇束釣り連続二〇回目　八月一八日（月）一五一三尾　154
21．季節はずれの寒さで青潮の発生を心配する
一〇束釣り連続二一回目　八月二二日（金）一一六六尾　161
（注）八月二三日から九月一日まで、青潮発生と江戸川の洪水
22．青潮被害の軽微なエリアで大釣りに成功
一〇束釣り連続二二回目　九月二日（火）一〇二九尾　166
（注）未曾有の青潮被害のため、一〇束釣りはここで頓挫
資料　青潮被害と洪水の経過　171

江戸川放水路ハゼ釣果　192
釣りキチのひとこと　193
あとがき　194

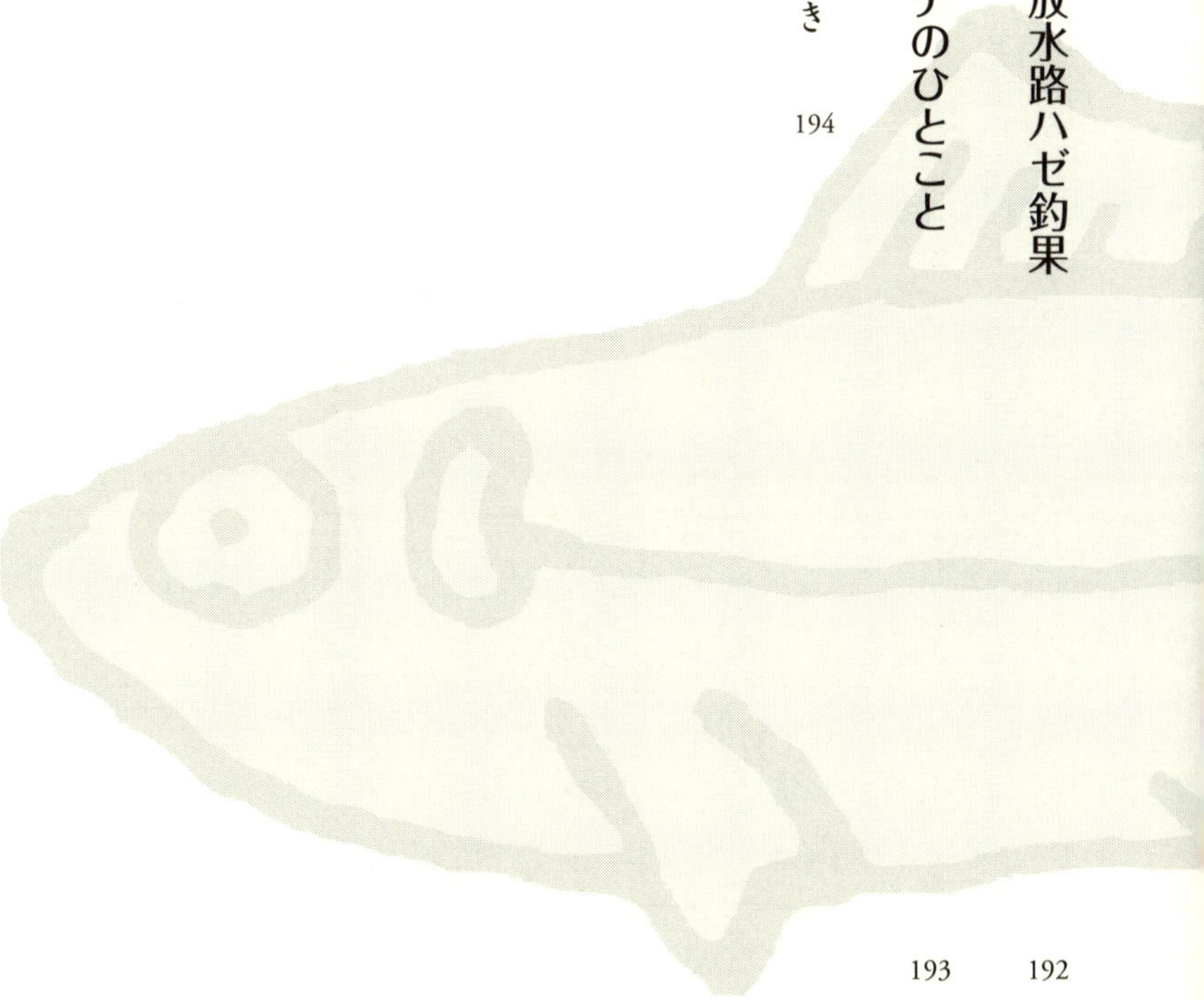

1. 初戦を制する——今年のハゼは湧きが良さそう

六月二日（月）一〇**束釣り一回目**　デキハゼのミャク釣り。**五〜一三センチを一〇三五尾**（ヒネ一三尾含む）。外道に一〇〜一五センチのイシガレイ二尾、ダボハゼ一〇尾、紫の斑点のあるハゼ八尾。船宿、伊藤遊船。過去二〇年間でもっとも早い一〇〇〇尾釣り。同時期の記録として二〇〇三年六月三日（一〇〇三尾）、同年六月六日（一一一七尾）がある。

中潮、満潮二時三八分と一六時三三分、干潮九時三六分。明日から大潮になります。
干潮前後の約四時間をどのように辛抱して釣るかが課題の釣りでした。
朝の水温二〇度、水色は澄み。朝の気温一八度、一日中寒いくらいに涼しい。カッパを着て、タオルを首に巻いて暖をとりました。このような「梅雨寒」の日は、これから多くなります。このような日は、ハゼがよく釣れるのです。カンカン照りの暑い日より、ハゼにとっては、よほどコンディションがいいのではないのでしょうか。
六時から一六時まで一〇時間の釣り。一〇〇尾／時のペース。正午までに六〇三尾、納竿までに四三二尾追加できました。朝の二時間と夕方の二時間がとてもよく釣れて、一時間一五〇尾ほどのペースとなりました。

タックルは一本バリで二本ザオ

道具は一・八メートルのサオ二本。道糸2号、先糸1・2号五〇センチ、ナス型オモリ1号、袖バリ1号の一本バリ、ハリス0・4号、ハリスの長さ三センチ、自製胴付仕掛けで釣りました。

1号バリを使うのは、ハリにかかったハゼからハリを外すとき、右手、親指、ツメの先の皮膚にハリのチモトが触れて、皮膚に穴があくのを嫌うためです。

3～4号の大きなハリでは、ハゼを一〇〇〇尾ほども釣ると親指に穴があくことが多くなります。私の場合、全治一週間はかかるのです。

シーズン開幕当初は六〜七センチでも良型

六時、**最上流域の青い送水管の上手**、右岸、マイボートや漁船が繋留してある場所へ行きました。

干潮時間が近く、思っていたよりも水位が下がっていましたので、朝一番では繋留場所の内側へは入れませんでした。ボートの底が川底に着いてしまうからです。

やむなく、船の出入り口でサオを出しました。その場所は駆け上がりになっていて、水深〇・五〜一メートル。水が澄んでいるので、ハゼの見釣りができるほどでした。

青イソメの尻尾の軟らかい部分を、一センチほどの長さでハリにつけて投入してみました。ハゼがワッと寄ってくるのが見えました。二本ザオで釣る予定でしたから、もう一本も投入しました。その間、最初に投入したサオをハゼがグングンと引っ張っています。でも、どうせ、エサを大きめにつけてありますから、なかなかハリに掛からないはずです。そんなわけで、そのまま遊ばせておきました。二本目のサオを投入し終わったころになって、ようやく静かになりましたので、サオを上げてみました。六センチかややそれを上回るクラスのハゼがハリに掛かって、グッタリしていました。六月初旬のデキとしては良型と言っていいと思います。

■アタリを出し続けることが大切■

デキハゼも大きいハゼから釣れてきます。見釣りだと、それがよく分かります。だから、空振りが連続するときは、アタリがあってもアワセないで食わせておくのも作戦だと思います。そのうちに、エサが食いちぎられ、軟らかく小さくなってきますから、結局はハリ掛かりします。

最初のアタリから**しっかりとハリに掛けたいときは、エサの大きさを米粒大**か、それよりも小さくつけます。するとハリ掛かりの確率が高くなり、アタリのあるごとに釣れたりします。

ただし、このエサつけには欠点もあります。釣り始めからこれをやりますと、アタリが途切れることが多いのです。ハゼの寄り方が少ないと言いましょうか、アタリが連続しないと言いましょうか、そんな現象が見受けられます。

ですから私などは最初のうちエサを大きめにつけるわけですし、ときどき意識的に空振りをして、食いちぎられたエサをコマセ代わりにするようにしているのです。

ハゼの数釣りは「アタリを出し続ける」ことが必須の条件でもありますから、「ハゼを寄せて釣る」という意識が大切なのです。

よく釣れる水深をキャッチする

前置きが長くなりましたが、九時で三〇〇尾になりました。ちょうど干潮時間になり、釣っていたポイントが浅くなりましたので、さらに上流へ移動してみました。

右岸の岸際、水深〇・五〜一・五メートルの斜面を釣ってみました。マイボート群が途切れたその場所は、水深一・五メートルのラインがもっともアタリが多く、デキの型もよかったのです。

ただし、あくまで「本日の潮回りで今の時間」という条件つきの話です。明日は明日の風が吹くで、明日もそのラインで釣れるとはいえません。そんなわけで、一・五メートルのラインをカニの横ばいのように釣りました。潮止まり時間前後なので、食いが良いとはとても言えませんが、それでも一時間当たり七〇尾前後のペースで釣れてきます。辛抱辛抱と自分に言い聞かせながら釣りました。というのは、一日に一〇〇〇尾を釣るには、一時間に平均一二〇尾程度は釣りたいからです。

■私のノルマは午前中七〇〇尾■

正午、船宿の船頭さんが様子を見にきました。それまでに釣れたハゼを渡しました。船宿で検量した結果、六〇三尾だったと連絡がきました。これは私が釣りながら数えていた数字よりも三〇尾多かったのです。ラッキーとうれしくなりました。急にやる気が出てきました。

それならば、あと四〇〇尾釣れば一〇〇〇尾になります。正午までに七〇〇尾というのが私個人のノルマであり、安全圏の数字なのでした。この時点では一〇〇尾足りません。でも、午後からの釣れ具合が、午前中よりもずっと良くなるようであれば、大台に乗せられるかもしれないという微妙な数字でした。同様の経験が過去に何回もあったので、ひょっとしたらなんとかなりそうだという予感がしました。

そこで、朝一番の場所へ戻ってみました。これは「賭け」です。勘働きといってもいいでしょう。経験がものをいう、という表現もできます。

移動するハゼを追って釣る

コツコツとハゼを拾いました。あとは、**上げ潮が効いてくるのを待つ**態勢です。次第に干潟になっているタカへ水が上がってきました。ボートを少しずつ移動して釣りながら、水がかぶったタカへボートを上げました。上げ潮のときのハゼは、水と一緒に浅い場所へ突っかけていきますから、その動きを読みながら追いかけるわけです。

私は、ボートの片舷を前後二つに分け、右舷で三〇尾、左舷で三〇尾というペース配分で釣りました。この配分や数の設定は季節と魚影の濃淡によって違ってきますので「本日の場合は」という限定です。

それは私自身が考案した「セオリー」のひとつなのですが、それに縛られることなく、臨機応変な運用が大切だと思います。実釣の場面は千差万別なのですから。

そうこうしているうちに、だんだんと入れ食い状態、入れアタリ状態になってきました。マメに移動を繰り返しました。

ときには弱気の虫も顔を出す

一四時になったとき、ようやく七〇〇尾でした。残り二時間で三〇〇尾を釣らなければ一〇束に届きません。時速一五〇尾のペースが必要です。これは私がよく用いる表現で、一時間に一五〇尾を釣るという意味です。

弱気の虫がチラッと顔を出しました。本日は無理なんじゃないかと。ただ、条件は良くなっています。上げ潮が効いているし、アタリもかなり多くなっています。

ということは、ハリ掛かりの確率を高くして、確実に釣り上げるようにすればいいわけです。そこで、ボートの腰掛けの硬いところで、エサをグジュグジュに潰しました。潰し残った硬いところを小さくハリにつけました。ダラーッとエキスが垂れて、ハリ先から五ミリくらい垂れています。かまわずに、そのままヒューッと振り込みました。オモリの着底と同時に、ゴンゴンとサオ先を持っていくアタリ。こうなればしめたものです。この方法で、あっという間に二〇尾くらいは釣れます。でも欠点は、突如としてアタリがなくなることです。寄っているハゼを釣りきってしまうからです。

見釣りをしていると、**エサ打ちを途切らせた途端にハゼがスイスイと動いていってしまうのが分かります。**その教訓から言えることは、エサ打ちの手を休めるのはご法度だということです。しかも、寄せエサ代わりに大きめの軟らかいエサを使う必要があります。組み合わせのタイミングが重要です。

■釣った数はきちんと把握しておく■

タイムアウトの一六時まで、時計とニラメッコで釣りました。一〇束と三〇尾まで数えて納竿。あとは、私の数え間違いがないことだけを祈るのみでした。

自分は今何尾まで釣っているのかという**数字がきちんと分かっていないと、タッチの差で一〇〇〇尾に足りないことも起こります**。九八〇尾などということでは、数字が泣くと思います。数字の価値が違うと思うのです。きりのよい数字というものは縁起がいいのですから、逃したくはありません。

本日は、ミャク釣り初日で一〇〇〇尾を釣りました。幸運と言えると思います。次回も一〇束釣れるかどうかはハゼに訊いてくださいとしか言いようがありません。ハゼのご機嫌がいいかもしれない日を選んで、釣行しようと思っています。

2. 秘訣はハゼの着き場の水深を早く察知すること

六月六日（金）**一〇束釣り連続二回目**　デキハゼのミャク釣り。**五～一二センチを一〇八九尾**（ヒネ一二尾含む）。外道に木っ葉ガレイ三枚、紫の斑点のあるハゼ一〇尾。船宿、伊藤遊船。

大潮、満潮五時二六分と一九時四九分、干潮一二時四四分。明日から中潮。この潮回りだと、一〇時～一四時過ぎまで水がとても少ないため、昼までに七〇〇尾オーバーしておきたいところです。午後からが厳しい釣りになると予想しました。

朝の水温一九・五度、朝の気温一九度。午後の気温は二六度まで上がりました。

曇り、午後晴れ、南東のち南西の風。

六時から一六時まで一〇時間の釣り。平均一〇八尾／一時間。正午までに七二〇尾、一二〇尾／一時間のペース。納竿までに三六九尾追加、九二尾／一時間。

六月のハゼは一週間に約一センチ大きく育つ

六時、**最上流域の送水管上手**、右岸側のボート群の内側へ入りました。満潮時間帯なので、Y船宿の桟橋下手、水深一・五メートルで始めました。しかし、一〇尾釣ったところでやめました。釣れるのですが、一発でハリ掛かりしないからです。ここは五センチ未満の「超」小型が多いのではないかと判断しました。

六月初旬のハゼの成長速度は、一週間で一センチと考えられていますので、あと一〇日ほど待たないと小さすぎて釣りの対象になりません。手返しのスピードを重視して、水深が〇・五～一メートルのところへ移動してみました。

普通は、水深が深い場所に比較的大きなハゼがいて、浅い場所には小型が多いと考察すると思います。しかし、実釣では自然が相手ですから、何が原因で浅場に良型が群れているかわからないのです。ですから、マメに移動してみたわけです。結果は「釣りの神様のみが知る」というところでしょうか。

江戸川での釣歴が長い私ですから、「とっておきの場所」とでも言いましょうか、大潮の満潮時間帯に実績があったポイントを持っていますので、そこへ直行しました。水際にヨシが群生していて、その先が漁師さんが捨てたのでしょうか、貝殻底が広がっていて、かつて船を繋留した棒杭の残骸が点在しています。

ハリスの短い胴付仕掛けほど感度が良い

この場所はとてもよく釣れました。まさに「ヒット」した、と表現してもいいようなアタリ具合でした。前方へシュッと振り込み、ポチャンとオモリが着水し、ほとんど同時にトンとオモリが川底へ着きます。水深五〇センチではだいたいそのような投入になります。その瞬間にググッとサオ先を絞め込むのです。このようなアタリは、ハリスが短いほど多くなります。また、胴付仕掛けほど出やすくなります。感度が良いのです。

先ほど私がいた場所へS船宿のボートが二艘入りました。あとで知ったのですが、ヒネ狙いの人たちで、エサはサクラエビを使っていたようです。サクラエビはこの時季のデキハゼには大きすぎ、ハリになかなか掛かりません。彼らは三・六メートルほどの長いサオを振り、ハリスの長さ二〇センチほどの仕掛けを引きずって釣っていました。

水深〇・五〜一・八メートルをまず釣ってみる

大潮なので潮流が速く、水位がどんどん下がります。この場所は好ポイントですが、ボートの底がズズッと川底に触ってしまいました。やむなく、そろりそろりと移動して沖目に出ました。油断すると座礁するからです。

前回釣りができなかった場所がありましたので、送水管の上手まで一五〇メートルほど下ってみました。いつものように水深〇・五〜一・八メートルのサオいっぱいまでを釣ってみたところ、一・五メートル以上になるとアタリが激減します。どうやら、水深〇・五〜一メートルの斜面にハゼがたくさんいるような気がしました。

数釣りをする場合、ハゼの着き場の水深を少しでも早く察知することが大切です。

気が緩むとペースダウンする

一〇時になったときに五〇〇尾でした。最上流域での六月の釣りでは、水位が高い満潮時間帯を中心とする時間のほうがよく釣れてきます。川底の状態が原因だと思われますが、水が少ない時間はペースが落ちるのです。中下流域の釣りとはこの点が違います。昼までになんとか七〇〇尾に達したいところです。

正午の時報が鳴りました。この時点で自己申告数が七二〇尾。まあ上出来と言えるでしょう。よほど失敗でもしない限り、あと三〇〇は釣れると考えました。ところが面白いもので、楽観的になると気が緩み、それがまったりとペースに出てしまいました。イメージどおりに数が伸びてくれないのです。

ハゼ釣りにも精神的な要素、今どきの言葉で言えばメンタルな部分がかなりあるようです。心の持ちようが所作に出るのでしょう。ペースダウンしたのは仕方がないとあきらめ、ポツポツと辛抱強く拾い釣りしました。こうなったら一尾一尾丁寧に釣り上げるしかありません。あっちへ行ったり、こっちへ来たりを繰り返しました。

おしゃべりすると記憶中の釣果数がわからなくなる

楽しいこともあります。その日は、Y船宿のお客さんが桟橋へ代わる代わる出てきて話し相手になってくれました。私が釣り上げるたびに目の前の桟橋上でカウントしてくれたりします。「俺が来てからそれで〇〇尾釣った」などと言うのです。気がまぎれていいのですが、返事をするたびに自分が数えていた数字が「飛んで」しまいます。

最近では、釣り場で顔なじみになる人も増えました。中には、デキハゼを釣るのかヒネハゼを釣るのか、方針がはっきりしない人も見受けられます。やはり、ターゲットを絞るという思考回路を働かせたほうがより楽しく釣りができるのではないでしょうか。

デキ狙いの私は、デキが密集していると思われる浅場で釣りましたが、一〇〜一二センチのヒネハゼが一二尾も交じりました。横走りしてボートの下へ突っ込んできたりして、引き味はとても良かったです。

3. 来年のための下見で大釣り

六月九日（月）**一〇束釣り連続三回目**　デキハゼのミヤク釣り。**五～一三センチを一一二四尾**（ヒネ三尾含む）。外道にダボハゼ三尾。船宿、伊藤遊船。

中潮、満潮七時五四分、干潮一五時〇〇分。明日から小潮です。流れはトロトロでした。

朝の水温二二度、朝の気温二〇度。水色、やや澄み。

曇りときどき雨。朝のうち無風、午後になって南の風。釣りをしている間、雷は鳴りませんでした。

六時から一六時まで一〇時間の釣り。平均一一二尾／一時間。正午までに七五〇尾、一二五尾／一時間のペース。納竿までに三七四尾追加、九三尾／一時間。

■初めての場所へ突撃して釣る■

六時、**伊藤遊船の桟橋上手**、右岸の岸近く、水深六〇センチほどの場所で釣りました。雨降りの中の釣り。船の間へ入りました。七～八センチクラスがよく釣れました。大風が吹いたときなどの逃げ場を確保するための試し釣りです。

三〇尾を釣って様子が分かりましたので、すぐに、最上流域へ移動しました。数釣り目標ですから、試し釣りの場所に長居はしません。前回までとは対岸になる左岸へ行きました。K遊船とO屋の桟橋の間、水深五〇～六〇センチへ入りました。初めてサオを出すエリア。

満潮まであと少し時間がありますが、満水に近い状態です。オールで川底を突いて、なるべく砂地で硬い場所を探しました。今の季節、泥地にはデキハゼが少ないことを経験で知っているからです。

良型ばかりを選んで釣る

六月も中旬になりますので、ハゼも育っているだろうと考えて、エサを一・五センチといつもより長くつけて投入してみました。大当たり。なんと、釣れてきたのは七～八センチクラスの良型ばかり。そこで今回は、エサのサイズを一センチ程度と決めました。小型が多いときは、エサを潰して軟らかくしたり、小さくちぎったりするのですが、その必要がありません。

アタリがググッとくると、それだけでハリ掛かりする大きさばかり。食いちぎられてちょっと小さくなったり、軟らかくなったりしたエサでは、ムズッとした感触があるだけで釣れてきます。

私が希望したアタリがたくさん出せて満足でした。コツッ、ムズッの連続。振り込んですぐにアタリがでない場合でも、仕掛けを手前や左右に一五センチほど静かに引きずってやり、一呼吸待ちます。なぜなら、私はできるだけ小突きをしないようにしているため。すると、ムズッとかコツッとかのアタリがあるのです。このアタリが出せる大きさのハゼが揃っていたのです。

そんなわけで、空振り覚悟で五センチクラスは全部無視する作戦で大きめにエサをつけました。このような釣りはときどきありますが、楽しい釣りです。

川底の状態を観察し想像する

私が「良いペース」と表現するときは、だいたいが時速一二〇尾以上の釣れ具合です。今釣っているこのあたりには、台風で上流から流れてきたヨシの茎などが、川底に突き刺さったような状態で頭を出しています。

右岸でこんなことはありません。川が左に蛇行しているので、どうしても左岸側にゴミが集中します。茎が刺さったような形になるということは、川がそれだけ浅くなった証拠です。ですから、食い気を誘うために仕掛けを無用心に引いたり、小突いたりすると、根掛かりの連続になります。

このような場所では、マブナのヅキ釣りをする要領で、真上からそっと落とし込むといいのです。すると、ムズッと食い上げのようなアタリがあります。根掛かりがなさそうな場所では、前方へ一杯に振り込んで着底させ、アタリがなければ手前へ引きました。この繰り返しです。

デキハゼは泥地には少ない

昼までに七〜八センチのデキの良型（この時季としてはということ）ばかりを七〇〇尾揃えたと思います。ビクの重みとボリュームが、三日前とは大違いだからです。残りは、小さくなったエサで釣れてきた五〜六センチクラスが少々。

雨がやみましたが、ムーッと暑くなりました。潮の流れはトロトロで、水位が下がったら、左岸側は一気に食わなくなりました。チリチリ、ブルブルといった、ハリ掛かりしない小型のアタリばかりです。それも仕方がありません。水位が下がるにしたがって少しずつ沖目へ出たのですが、このエリアは干潮時、オールで底を突くと、ズブッと三〇センチは突き刺さってしまう泥地なのです。今の時季、このような場所ではいくらも釣れないことを熟知しているので、下手に粘らず、あきらめて移動しました。

数釣りをめざす場合、このように見切り時をつけるのも大切な要素です。左岸の最上流域は水位が高いときの釣り場で、水量の少ないときは、ハゼによほど元気がない限り食い渋ることが多いのです。

中流域を放浪して釣れ具合を実感する

そこで、朝一番で釣った伊藤遊船さんの桟橋前に行き、船頭さんにハゼを渡しました。桟橋周辺でちょっとだけサオを出しました。水深は一・五メートルほど。アタリのペースが気に入らないので、すぐ対岸へ移動して地下鉄東西線鉄橋の上下で釣りました。このあたりの水深は〇・五〜一メートルで、ポツポツッと釣れました。工事でできた大きな穴の中を釣ってみました。深いところは釣れず、斜面の浅い部分で小型が釣れた程度。ここも一〇〇〇尾釣りのペースに及ばないのであきらめましたが、まったく釣れないわけではありません。

そのあと、東西線の下手にある送水管をくぐって、**右岸の操車場前の浅場**へ行きました。例年の実績から見て、まだ時季的に少し早いと思える場所ですが、一応、偵察釣りをしました。先行投資のつもり。デキの大中が二〇尾釣れました。

ここで釣ろうか、上へ戻ろうか、それとも、納竿してしまおうか……。などと思い悩みながら未練たらしく釣っていると、突然、雨がザアッと降ってきました。

ちょうどそのとき、船宿から「八一一尾いた」と連絡があったのです。現金なもので、とたんに猛烈にやる気が出ました。あと二〇〇だ、と気合が入ったのです。

日照りよりも雨降りがいいこともある

それに、大粒の雨。これはラッキーな天候なのです。トロトロの潮で、無風で、太陽に照られるよりは、大粒の雨のほうが絶対に良いと思えるのです。一目散に最上流域へ戻りました。雨だから納竿するなどという意識は、私にはありません。

時計を見るとラスト二時間半です。前回と前々回、水位が低いときに良い釣りをした右岸の場所へ行きました。ところが、ハゼの機嫌がすこぶる悪いようです。一時間にせいぜい四〇尾ほどのペース。

いちかばちか、前回と前々回にあまり釣れなかった場所へ行ってみました。これも賭けです。やはり釣れないかもしれませんが、どうせさっきの場所が釣れなかったのだから、試してみる価値はあるという当てずっぽうの気持ち。ここで釣れなければ、一〇束釣りをあきらめればいいやと軽く考えました。

Y船宿とS船宿の間にある開けた場所。干潟になるタカは水がかぶっていて水深五〇センチほどです。今が干潮なので、水はこれ以上引きません。そのタカへボートを乗せました。入れ食い。「なーんだ、今日はこっちにいたのかよう」と叫びたい気持ちです。しめしめと思いました。

米粒大のエサで大中小全部を釣る覚悟

ラストですから、ここで数をまとめるつもりで、大中小すべてのサイズを釣る作戦に変更です。大きいのだけを選り分けて釣るのは中止しました。

エサは初めから米粒くらいに小さくつけました。空振り防止のためです。片舷だけを釣りました。三〇～四〇尾釣ってしまうと、仕掛けが届いた場所までボートを移動します。その場所でまた片舷だけを釣るのです。

食い気のあるハゼだけを狙い、あとは無視しました。時折、コツッというアタリでデキの良型が釣れます。相変わらず雨が降っていますが、「やまないでくれー」と祈りながら釣りました。この雨が幸運の女神になっていると思うからです。雷も鳴りませんようにと願いました。

結局、この場所で三一三尾を釣りました。二時間半弱ですから、干潮時間をはさんだ時間帯としては願ってもない釣果でした。ポイント探しは長年の経験がものを言うと思います。また、ダメ元で勝負してみるのもいいでしょう。当たればしめたもの、当たらなくても、もともとなのですから。

短ザオで二本ザオの釣り

午前中に釣った場所は、これまで一度もサオを出したことがないエリアでした。最上流域は私にとって、六月前半だけという短期間の釣り場なので、長年やっていてもサオを出していなかったのです。良い経験になりました。それもこれも**来シーズンのための下見の釣り**という気持ちから始まったことでした。釣果としてはアタリの釣りだったと思っています。

一・八メートルサオ二本、袖バリ1号、一本バリ、ハリスの長さ三センチ、ナス型オモリ1号、胴付仕掛け。青イソメ使用。

4. 中流域のゴロタ周辺で釣る

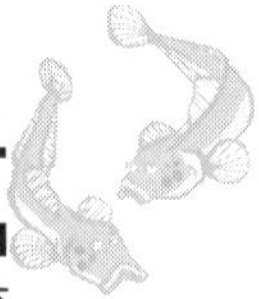

六月一六日（月）**一〇束釣り連続四回目**　デキハゼのミヤク釣り。**五〜一四センチを一二一七尾**（ヒネ四尾含む）。外道にダボハゼ多数。船宿、伊藤遊船。中流域で釣りました。

中潮、干潮九時三〇分、満潮一四時四一分。あさってから大潮になります。日中の潮位の変化が大きい季節です。水は赤色。これは**赤潮**でした。川面が赤色とササニゴリのまだら模様になっていましたが、どちらの水面でも釣れました。小規模な赤潮ならばハゼが急速に育ちます。赤色はプランクトンですから。東京湾の水温が高くなってきた証拠です。

朝の水温二三度。気温は朝二〇度、日中二六度。風が爽やかでした。

朝、曇り、北東の風、のち晴れ、南東の風。上げ潮にかかる前に風が変わりました。六時から一六時まで、一〇時間の平均一二一尾／一時間。正午まで六時間で七一〇尾、一一八尾／一時間。残り四時間で五〇七尾追加、一二六尾／一時間。上げ潮が効いてきてから入れ食いになりました。午前中、辛抱してコツコツと釣ったのが良かったと思います。

胸をわくわくさせて初場所でサオを出す

六時、**中流域の右岸、東西線車庫前**、ゴロタの下手に行きました。下げ潮が効いていて流れが速く、水深は三〇～五〇センチほどの場所です。もうじき干潟になってしまうタカにアンカーを入れました。水位の低下が早いので、油断するとボートの底がすぐ川底に触れてしまいます。座礁しないように気をつけて釣りました。

今シーズン初めてサオを出す場所なので、釣れる数やサイズはまったくの未知数。こういうときは胸がわくわくするような期待があります。

小型のハゼが想像できないほどたくさんいる感じ

一・八メートルのサオを二本出します。袖バリ1号の一本バリ、ナス型オモリ1号、胴付仕掛け、ハリスの長さ三センチの短ザオタックルで挑みました。青イソメを、とりあえず一センチ程度の長さでつけてみました。

チリチリ、ゴツゴツの連続。ハリに掛かりません。辛抱して食わせておきました。やがて食いちぎられて小さくなったエサに釣れてきたのは、六センチくらいのハゼ。「ハハァー、このあたりはこのサイズが多いんだなあ」と思いました。正体見たり、という気持ちです。

一週間前の最上流域と比べると、一回り小さいサイズです。ちょうど一〇日ほど成長が遅いかなあという感じです。つまり、孵化する時季がそれだけ遅かったということ。その代わり、六センチクラスの小型は想像できないくらいたくさんいるように感じられました。

そこで、二週間前に初めてミャク釣りをやった要領で釣ってみました。空振りの連続になるのが分かっているので早アワセしないことにしたのです。エサは米粒大。ときどき大きくつけて食わせてやりました。このサイズのときは、とにかくアワセを焦らないことが

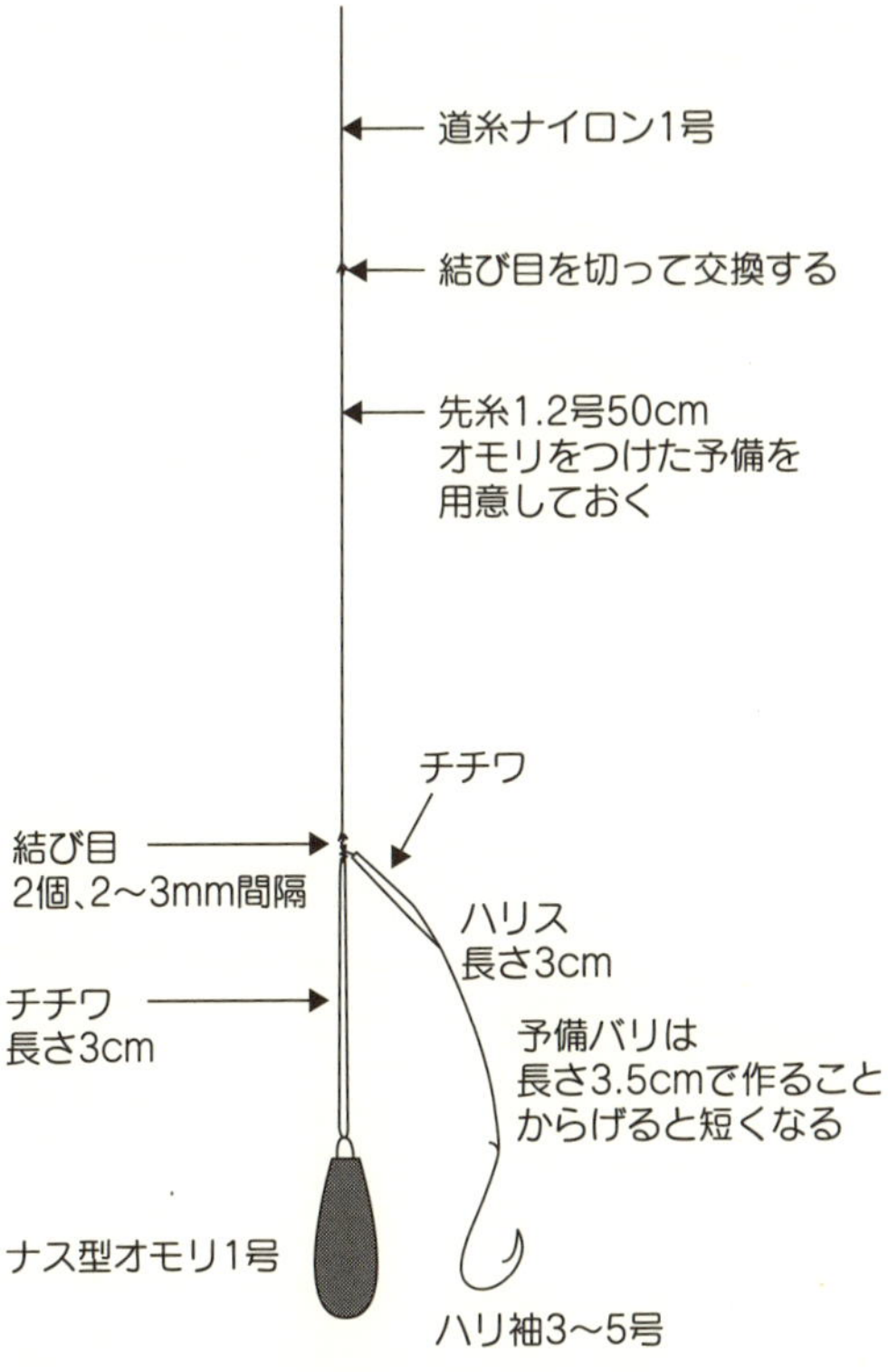

作図　鈴木和明

3センチの胴付仕掛け(自製)

(『江戸前のハゼ釣り上達法』より)

青イソメのつけ方

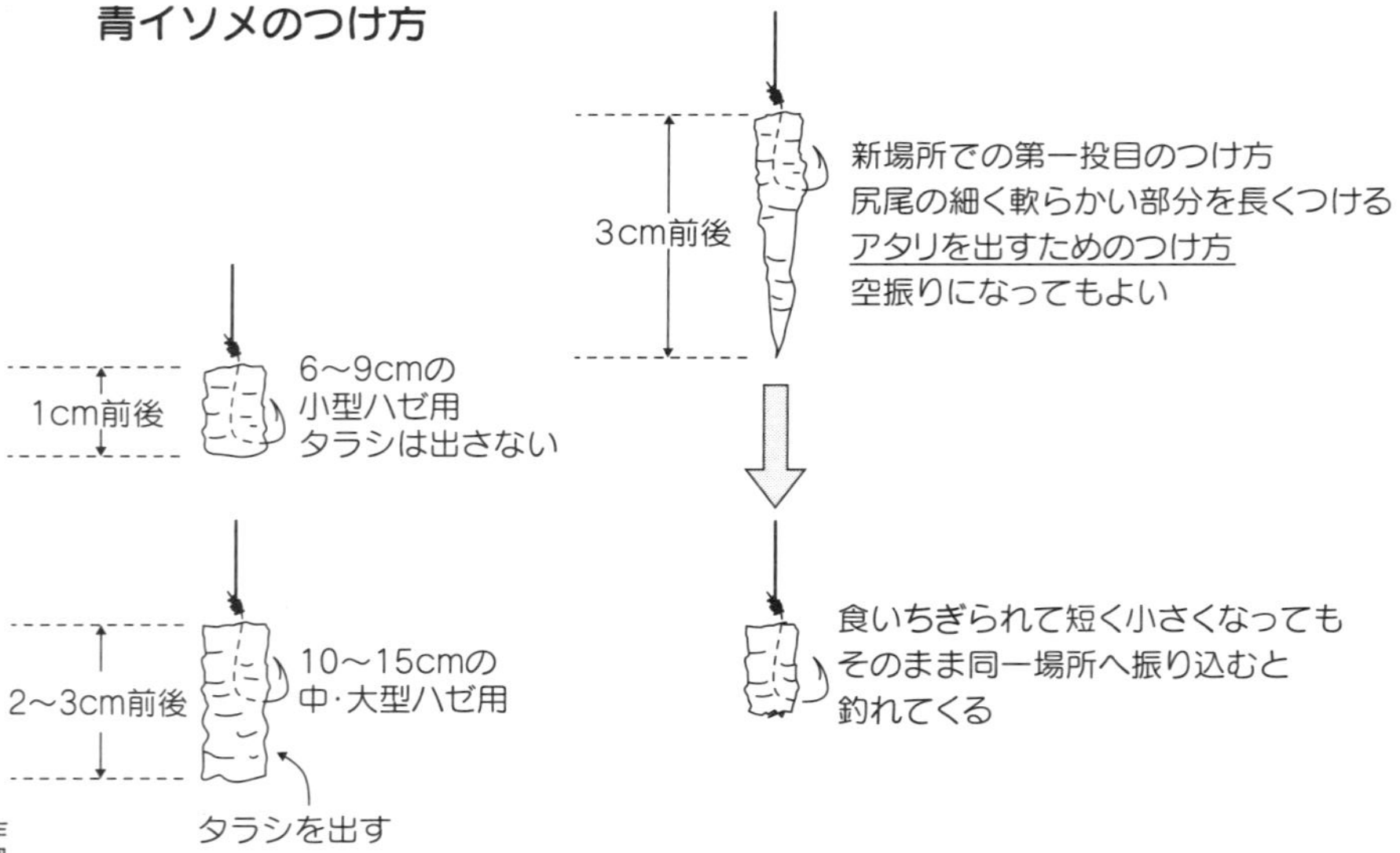

作図　鈴木和明

（『天狗のハゼ釣り談義』より）

大切なのです。空振りを嫌ってタナゴバリを使う方もおられます。

気分を変えて何ヶ所か転戦してみる

一七五尾釣ったところで、タカにいられなくなりました。浅くなったからです。さあて、それではちょっと遠征してみるか、と移動。

一〇〇メートルほど上流の電車の操車場前に行きました。牡蠣礁が帯状に露出しています。この状態だと、釣れても数は知れています。この場所は、上げ潮で水没したころが良いので、試し釣りのつもりでサオを振ってみました。五〇尾釣れましたが、時速八〇尾程度のペースです。

T遊船のボートが一艘来て、私の下手にあるゴロタ付近に入りました。偵察は済んだので、そのボートを横目で見ながら移動し、ゴロタの下流一〇〇メートルのところへ行きました。今度は、干潟から五～七メートル離れてアンカーを入れます。

ポイントの水深は干潟側が五〇センチ、ミオ側が一メートルというところ。ミオ側は、沈殿物や牡蠣礁が点在しており、ときどきハリを取られますが、たまにデキの良型が釣れてきます。外道のダボハゼもたくさん釣れました。これは根がある場所の特徴です。かまわずにダボハゼもゲットしました。水中にダボハゼばかり増えてしまいますので、そうしたほうがいいのです。

T遊船の人は二本ザオのミャク釣りでしたが、しばらくして移動していきました。釣れなかったのでしょうか。そのうちに伊藤遊船のボートが二艘来て、彼らと一緒に釣りました。

この人たちは、ターゲットをデキかヒネか明確に決めていない様子でした。会話を聞いていると分かるのです。それでは釣りのしようがないと思います。結局、この二艘も移動していき、私一人になってしまいました。

潮待ちをして大成功

潮止まり前後から南東の風になりました。私の予想どおりで、下流から上流方向へ川なりに吹く風です。おあつらえ向きに、上げ潮になるころ南寄りの風に変わったのです。これは釣りやすい風向きです。干潟と水平にボートが並びましたので、水際のヘチを釣りやすいのです。

正午の時報が鳴ったとき、七一〇尾まで数えていました。ゴロタまで釣り上がってきたので、また下流へ戻りました。潮が高くなり、さっき釣ってきたラインが沖目になりすぎているため、もう一度下流からゴロタ近くまで流すつもりでした。釣るラインが違うからです。

釣っている途中で気が変わりました。下流の沈船に近づくほど型が小さくなり、数も少ないと思えたからです。

作戦を変えてゴロタの上手へ行きました。さっきT遊船のお客さんがやっていた場所です。干潟が潮をかぶり、水深六〇センチくらいになっていました。

オールでゴロタ石の範囲を確認し、ゴロタからやや外れた場所で釣ってみました。なんと入れ食い。この日、もっともアタリが多い場所になりました。大当たりー、というところ。実はこの場所も、潮が高いときの方がよく釣れるのです。水位が高くなるのを待った甲斐がありました。

■遊び心で冷やかした場所で大漁■

右、左と釣って、ボートの長さだけ潮下へ下がる釣り方をしました。一〇束に達したと確信した段階で、操車場前へ移動しました。午前中に確かめておいた場所です。水深は一・

二メートル。オールで底を突き、牡蠣礁の範囲を確認してからサオを出しました。一発目から根掛かり。また、根掛かり。これでは嫌気が差してしまいます。

どうしようかと考えていたら、護岸に誰一人いないことに気づきました。

「おっ、チャンス！」

ラスト一時間は護岸の際で釣ってみようかと気が変わりました。ここはいつも陸釣りの人がいて、普段はなかなかボートで寄れない場所なのです。すでに一〇束釣ったことだし「遊んでみればいいいんだ」と茶目っ気が出ました。それに、釣れればしめたものなのですから。

五段の石段が水面まで下りています。最下段は水に隠れ、二段目にチョボチョボと波がかぶっています。その先は砂地で、岸から五〇センチのところに、長方形の波除けコンクリートが五〇センチ間隔で三列に入っているのです。干潮時間に観察して承知していました。

狙い目は波除けコンクリートの上と、その間と、石段の水に隠れた最下段の上。この三ヶ所を釣るつもりで、石段から三メートルほど沖にボートをつけました。ほんの遊び心でしたが、この日一番のデキの良型が入れ掛かりとなりました。

■足元の護岸の下にハゼがいる■

散歩に来た人が目の前で見ています。その人いわく。

「普通は二本のサオを小突いたり引いたりするんですよねえ」

手振りを交えて私に話しかけます。その途端に数がわからなくなりました。もう終わりだし、数はいいかと思って話し相手になりました。

「おたくはエサをつけてホン投げるだけで、なんにもしてないですよねえ」

たしかにそのとおりで、サオを上げ、ハゼを外し、投入しての繰り返し。

「そうですよ。陸釣りの場合は川の中へ中へと入るけど、実際はこんなへチにいるんですよ」

足元で釣れるのを目の当たりにして、「自分も今度やってみよう」とその人は言いました。

いよいよラスト五分です。「あと一〇尾は釣れますよ」と言い残し、ちょっとボートを動かしました。すぐに一〇尾が釣れ、ここで納竿。一二束に届いたかなあ、という数でしたが、会話したせいで肝心なところが不明です。ともあれ、中流域でも魚影が濃いことがよくわかった一日でした。沖目の瀬の上でサオを出す時間はありませんでした。

5. 強風に負けずハゼを探し当てる

六月一九日（木）**一〇束釣り連続五回目**　デキハゼのミャク釣り。**五～一四センチを一一〇七尾**（ヒネ二尾含む）。外道に木っ葉ガレイ一枚、セイゴ一尾、ギマ一尾、ダボハゼ数尾。船宿、伊藤遊船。本日の一〇束釣りは厳しい対応を迫られた釣りでした。今シーズン初めてサオを出すエリアを四ヶ所釣って回りました。

大潮の中日。満潮四時一五分と一八時二二分、干潮一一時二〇分。東西線車庫前の川中の瀬が、もう少しで露出するかというほど潮が引きました。水は朝のうち赤色、午後、上げ潮になってササニゴリの水色に戻りました。
前日の夕方のニュース番組で「旧江戸川と新中川でボラ、ハゼ、ウナギ、レンギョ

が大量死」と放映していました。一六日（月）から続く現象とのこと。この状況で果たして一〇束釣りができるか、という気持ちで釣行しました。

朝の水温二四度、朝の気温二一度。

曇り、南西の風、正午前後から風がさらに強くなりました。ボート酔いしそうでした。

六時から一六時まで一〇時間で、平均一一〇尾／一時間のペース。

■岸壁際の水深五〇センチにデキの良型揃い■

六時、**東西線鉄橋の下手にある送水管の下**、右岸で釣り始めました。岸壁際、水深五〇センチです。石段と、その下の消波コンクリートの上を釣る形になりました。潮が引くスピードが速く、座礁しないように早めに沖目へ下がりながらの釣り。七～八センチクラスが中心で、五～八センチのデキハゼが交じります。粒揃いです。ヒネは釣れませんでした。

■親指を保護する1号バリ■

この時季は袖バリ3号クラスでいいのですが、私は1号バリを使います。前著でも述べたように、右手の親指の皮膚に穴が開かないようにするためです。

目標が三〇〇尾程度であれば、3号バリを使ってもまったく問題はありません。しかし、一〇束ともなると皮膚の負担が大きいので、少なくとも私は3号バリを使いません。**1号バリを使うのは、小さなハゼを釣るためではなく、指を保護するため**なのです。

3号、3・5号、4号、5号の袖バリは、予備として常に持参していますが、最近はほとんど使ったことがありません。

ハゼの大きさに見合ったエサをつける

3号バリでも、エサのつけ方次第で中小のハゼは十二分に釣れます。私自身、3号バリでさんざん一〇束釣りをした経験があるのです。

六〜七月上旬のデキハゼは、シーズン中でもっとも難しい釣りだと思えます。特に難しいのがエサのつけ方。ハゼのサイズを考慮せず、エサの大きさ・軟らかさをいい加減にすると空振りの連発になるからです。この時季はエサつけによくよく神経を使う必要があります。

三日前に一〇束釣れた場所が今日は釣れない

五〇〇尾釣ったところで移動しました。送水管の橋脚をグルッと一回りしただけで五束。同宿のボートが多数集まって賑やかになりました。こうなると自由に移動もできかねるので退散。

逃げ場として取っておいた場所へ行きました。三日前に釣った、ゴロタの干潟になっている前の斜面です。ところが先日とは大違いで「ハゼはどこへ行った?」という感じ。二ヶ所釣ってみましたが、全然ダメ。

そういえば、対岸にあるH遊船のボートが「先週はH遊船側でよく釣れたのに今日はダメだ」と言って、右岸の送水管下へ移動してきたのを思い出しました。同宿のボートも「あっちの岸は今日ダメだよ」と言っていたのでした。

ボート酔いになりかけながら釣る

ならばここは一番、賭けに出ようかと思いました。ゴロタ正面の川中の瀬の上に行きました。今シーズン、初めてサオを出す場所。

いちかばちか、ここで釣れなかったら本日の一〇束釣りはないという気持ちです。あと五束を釣ることができるか。水深は五〇センチ。ササニゴリ、南西の風が強いためボートの揺れが激しく、風でサオがヒューッとしなります。

こんな悪条件は長年の間に何回もありましたから、釣りそのものに不安は感じません。ただ、ボート酔いしそうなのには参りました。それでも、デキの大中の交じり。いたいた、とほくそ笑みます。でも、この場所で釣るには少し時季が早いのかなあというペースです。

それに、強風のため、ボートの真横や先端では釣りがしづらいのです。したがって後ろを向き、右舷後方と左舷後方だけを釣る格好になります。このほうが釣りやすいのです。仕掛けを真横に振り、ボート尻へとさびく間にアタリを取る釣り方。

三〇～五〇尾釣ると、三メートルくらい風下へ下がります。その繰り返し。この風では、そうするしかないのです。基本どおりのスタイルの釣りは、本日に限ってやりません。

右岸のミオ筋、干潟前の斜面などでもサオを出しますが、いっこうに好転しないので、また川中へ戻ります。

釣れたハゼが凧揚げのように空中を舞う

風と波はひどくなる一方です。ゴーッと音がする風なので、右岸のゴロタの上手、前回サオを出しそこなったエリアへ行きました。土手が風よけになるかと考えたのですが、やはり風当たりが弱く感じられます。水深五〇センチくらい。

上げ潮がかなり効いてきました。ここはさっきまで干潟だった場所で、潮が上がったばかり。風で仕方なく避難したのですが、そんな場所で、なんとポツポツと釣れてきます。

これならばなんとか拾えるかも、と期待が膨らみました。そこでエサのつけ方に一計を案じました。**食わせエサは米粒大ですが、ときどき一センチ以上に大きくつけて**わざと空振りし、ハゼを寄せる気持ちで釣りました。そうすればアタリの出方が断然違ってくるからです。その繰り返し。

岸から一〇メートルほどの場所なのにアンカーが砂に突き刺さっています。強い風に流されているからですが、それでも川中よりずっと静かなのです。

釣り上げたハゼが強風にあおられ、凧揚げのように空中に舞います。風と波を考慮しながら、上げ潮に合わせて五メートルずつ上流へ移動し、朝一番で釣った場所まで戻りました。ラスト三〇分をそこで釣りましたが、朝と同じような釣れ具合でした。

本日のような場合でも、3号のハリにエサを小さく丁寧につけ、たまに大きめにつけたりして、水深〇・五〜一メートルのエリアを釣れば、ある程度の数は揃えられるはず。デキハゼの一番子がもうすぐ九センチくらいになります。そうなれば、食わせのエサも一センチとかに大きくして、最初のアタリでググッと釣れてくるようになると思います。

6. 朝の五時間で一一一六尾

六月二三日（月）**一〇東釣り連続六回目**　デキハゼのミャク釣り。**五〜一四センチを一五六九尾**（ヒネ二尾含む）。外道は木っ葉ガレイ二枚、セイゴ一尾、ダボハゼ三〇尾。伊藤遊船。朝一番の釣りは会心の出来でした。

中潮、満潮六時四一分、干潮一三時三八分。干潟が露出するまでにどれだけ釣り込めるかという釣りでした。

朝の水温二二度、朝の気温一八度。水の色はササニゴリ。

曇り、北または西の風、のち北東の風ややあり。涼しすぎるくらい。釣り日和。

六時から一六時まで一〇時間の釣り。平均一五六尾／一時間。開始から五時間で一

一一六尾、二二三尾／一時間。納竿までに四五三尾追加、九〇尾／一時間。

■同一のピンポイントを釣るセオリーも場合によりけり■

朝一番で**東西線車庫手前の操車場前**に行きました。水位が高い。右岸の際、水深五〇センチを釣りました。本日は一メートル以上の水深では釣らないつもりでした。理由はハゼの数が少ないから。深い場所は、ハゼの溜まり具合がまだ少ないようです。

今朝の船宿情報で、前日までは水位の高い時間にデキの一番子をたくさん釣ったと聞いたので、前回やり残した部分を釣るつもりで行きました。

釣ってみたら八～九センチ級の入れ掛かりです。したがって、エサは一～一・五センチと長く大きくつけました。タラシをちょっとだけ出してみたところ大正解。丸々と太ったデキの大型ばかりで、浅場でノシ（ハリ掛かりした魚が激しく暴れる）ました。

風向きが北になったり西になったりで、ボートが安定しません。ときどきボート尻が川中を向いては、岸と平行に戻ります。ボートの向きに合わせ、釣れる場所だけを釣るしかありません。何にしても入れ掛かりですから、「同一のピンポイントを釣らなくては！」という考えは吹き飛んでしまったのです。

■一時間に二〇〇尾を釣る技術と体験■

一一時、最初のハゼを船宿に渡しました。一一一六尾あったと連絡が入ったので、平均二二三尾／一時間のハイペースです。

この日誌を読んでいる方々は、一時間に二二三尾釣れるペースを五時間も持続したという釣れ具合を実感できるでしょうか。平均二二三尾ということは、二五〇尾以上の時間があり、二〇〇尾の時間もあったということです。

私の場合、**魚影と潮時の条件が合えば、時速二〇〇尾のペース**は可能です。問題は、それを何時間持続できるかなのです。この日は五時間でおしまいになりました。原因は水位が下がってその場所にいられなくなったためです。朝からの予想の範囲内であり、仕方のないことでした。ペースが落ちるのはわかっていましたから、釣れるときにしっかり釣ったということです。

ボートの底が牡蠣礁をガリガリと

　それまで釣っていた岸から沖へ向かって三〇メートルほどのところに、牡蠣礁が帯状にあります。岸とその間で釣ったのですが、水位が下がって牡蠣礁が露出し、私のボートが間に取り残される格好になりました。早いとこ逃げ出さないと、水たまりに閉じ込められてしまいます。後ろ髪を引かれる思いで脱出。ボートの底をガリガリいわせながら、牡蠣礁を乗り越えました。

　今度は牡蠣礁の外側へ出ました。まだ水位があるので、ゴロタの沖の瀬まで二回行ってみました。釣果はポツポツ程度。二回ともすぐに戻りました。そして次は、先ほどの牡蠣礁の七〇メートルほど沖合いへ出てみました。ところどころに牡蠣の群落があるようです。オールで突くとジャリジャリするし、根掛かりもします。ダボハゼがいます。デキは大小の交じりです。こんな沖目なのに、なんでこんなチビちゃんがいるの？　という感じです。

　そこから北東の風に乗って右岸方向へ、ズルズルと釣り下がりました。一番良く釣れたのは牡蠣礁の近く、水深五〇センチの場所でした。初めからここに来ていればと思わないでもありませんが、こうして偵察できたのは収穫です。次回の参考資料になるからです。

いつも同じラインで釣れるとは限らないので、私流の偵察は必要だと考えています。

■「瞬間風速」を何時間持続できるか■

この日のように、五時間で一一一六尾というハイペースの釣れ具合がときどきあります。こうなれば釣果は一五〇〇～一九〇〇尾に達します。二〇〇〇尾に近づけるには、水位が高いことがひとつの条件になってくると思います。

もう一点、これだけ派手な食いにぶつかったとき、それを確実に釣り上げるだけのキャリアがどうしても必要だと思います。時速二〇〇尾以上のペースを維持できるかということです。この点があいまいで妥協していると、せっかくのチャンスを逃すことになります。私は、たまたまチャンスをものにしただけです。

私は、時速二〇〇尾以上のペースで釣れることを「**瞬間風速**」と呼んでいます。瞬間風速が三〇分で終わるのか、五時間持続できるのか、これは釣り人の側の問題でもあります。過去に何度も苦い思いをさせられた経験があるので、チャンスは逃さないのです。

一・八メートルのサオ二本、道糸はナイロン1・2号、オモリはナス型1号、袖バリ1号の一本バリ、ハリスの長さ三センチ、自製胴付仕掛け。根掛かり覚悟なのでラインは1

号を使わず、１・２号と太くしました。一メートル以下の浅場だからラインの太さは気になりません。丈夫さを優先しました。

7. 親指に穴があいて全治一週間

六月二五日（水）**一〇束釣り連続七回目**　デキハゼのミヤク釣り。**五～一四センチを一三六四尾**（ヒネ五尾含む）。外道にダボハゼ二〇尾。船宿、伊藤遊船。

小潮、満潮八時二三分、干潮一四時五二分。本日は「潮」を釣りました。水位の低下がゆるやかなので、前回やりきれなかった部分で釣りができました。

朝の水温二四度、朝の気温一八度。水は赤色。午後になってササニゴリに戻りました。

曇り、東の風が強く、昼近くまで寒かった。午後、北東の風少々。陽が照らなかったので釣りやすい日でした。

六時から一六時まで一〇時間の釣り、平均一三六尾／一時間。正午までに九九〇尾、一六五尾／一時間。正午から納竿までに三七四尾追加、九三尾／一時間。水位が高いうちがよく釣れました。干潮の時間帯は今ひとつ釣り込めませんでした。

釣れてくるハゼを釣るのが私流

朝一番で**東西線の操車場前**、右岸に行きました。送水管の下手、七〇メートルほどのところ。赤いヨットの下手から釣りました。消波コンクリートは完全に水没していません。東風でボート尻が右岸と直角を成します。消波コンクリートにボート尻を当てるように泊めて釣りました。

ハゼはデキの中型主体で、大型よりも小型が少し多いかという比率でした。サイズは潮回りによって日替わりで違うようです。仕方がないので、辛抱して中型を釣りました。釣れてくるハゼを釣る、というのが私の釣りです。エサつけは、したがって五ミリ〜一センチくらいにしました。一〇日前に逆戻りしたようです。

小潮で岸際に水がないので、消波コンクリートが途切れる沖目を釣りました。デキの大中小の交じりでよく釣れてきます。袖バリ1号ですから、ハリの大きさに不足はありません。大型が多そうだと思ったらエサを大きくつけ、タラシを出して対応できます。それでよいと思っています。

釣りながら周囲の様子を観察する

同宿のH遊船のボートがたくさん来て動きづらくなったので、思い切って水道管の上手まで移動してみました。距離にして約一〇〇メートル。やはり岸壁から五メートルほど離れて釣りました。ここも中型が多かったです。

一五〇尾ほど釣れましたが、さっきの場所を見るとお客さんがいなくなってボートがバラけたようなので、その場所へ戻りました。今度は少し沖目を釣りました。どうやら、このたびはそんな展開の釣りになってしまったようです。おまけに水が赤く、空は曇っているし、東風で波がぶっつけなので水の中がぜんぜん見えません。根掛かりはいやだから岸際を敬遠したのです。

消波コンクリートの間は釣りませんでした。というより、釣ることができなかったというのが正しいと思います。次回以降に延期です。いずれにしてもここ数年、本格的に釣っていない場所だったので、懐かしさを感じました。

中流域は上流域よりもハゼの孵化が遅い

「今年のハゼの湧き具合は」とよく質問されるのですが、個人的な認識では普通の状態です。

中流域のゴロタ近辺の釣れ具合は小型が多い、というのが釣りをした人の共通認識です。つまり孵化が遅かったということでしょう。上流域より一〇日ほど遅れているかもしれません。だから私も、中流域ではあまり本格的にサオを出していないのです。

今後の釣りポイント。上流域の右岸、栈橋に囲まれた一帯が今よく釣れています。風も避けられるし、水位が高い時間を狙えばそこそこの釣果が出せると思えます。伊藤遊船さんから最上流域まで栈橋の数が多いから、栈橋周りと岸際を釣ればヒネ交じりで期待できます。中流域はこれからが本格的なシーズンになります。

ハリのチモトが当たる右手親指に穴があいた

このところハゼ釣りのペースがアップしているので、心配していたとおり右手の親指の先に穴があいてしまいました。ハリのチモトが当たる部分です。

小さな1号バリといっても、釣行回数が多くて釣行間隔が短いと、どうしても指に穴があきます。全治一週間かかります。この間はハゼ釣りを自粛するしかありません。

次回のハゼ釣りは七月二日（水）以降になる予定。諸般の事情からそのようになってしまうのです。それまでには指の傷も完治すると思われます。このことだけは昔のまま。たびたびこのような目に遭うのがイヤだから1号バリを使っているわけです。それでも穴があきます。

8. 型揃いと一〇束の二兎を追って成功

七月二日（水）**一〇束釣り連続八回目**　夏ハゼのミヤク釣り。**五～一四センチを一二七八尾**（ヒネ三尾含む）。外道にダボハゼ一八尾、大きなギマ一尾。船宿、伊藤遊船。

中潮、満潮二時五七分と一七時三一分、干潮一〇時一一分。明日から大潮。水位がかなり下がりました。この干潮時間は、一〇束釣り泣かせです。しかしうまく乗り切ることができました。

朝の水温二三度、朝の気温二一度。水はササニゴリ。曇り、朝方に二回しぐれました。午後、晴れ。南東の風、のち南の風が吹き込みました。涼しくて釣りやすかったのですが、少々、波が高くなりました。

六時から一六時まで一〇時間の釣り、平均一二七尾／一時間。正午までに七五〇尾、一二五尾／一時間、午後は五二八尾を追加、一三二尾／一時間。

午前と午後と似たようなペースで釣れたのですが、上げ潮になってからのほうが釣りやすかったと思います。デキの良型が入れ食ったためです。一一時までは、どちらかというと小中型主体でしたので、釣るのに集中して神経が疲れました。九〜一〇センチ級はとても釣りやすいと思います。すなおにガバッとエサに食いついてくるからです。

頭がボーッとして身体が起きていない

朝一番で**ゴロタの下手**、右岸の干潟になる場所へ行きました。赤いブイが浮いているところです。朝の水深は五〇センチというところでしょうか。釣り始めていきなり、沈み杭に根掛かりしました。頭がまだボーッとしていて、身体が「起きて」いないようです。
釣りはしているのですが、身体が何となく重たい感じです。わずかな間に三回も根掛かりしてしまい「アーッ、頭に来た」と叫びました。周囲に誰もいないのを幸い「あー、ヤダヤダ」と言葉に出しながら、ボートを数メートル移動させました。いつもなら初手からこんな醜態は演じないのに、と思いながら仕掛けを交換。オモリを三個も取られてしまいました。

タカから移動するハゼを待ち受けて釣る

まだ二〇尾くらいしか釣っていないのに、水位がガンガン低くなっていきます。ボートの底がズズッと川底に触ります。仕方がありませんので、沖へ沖へと下がりながら釣りました。

エサは一センチくらいにつけました。釣り始めに九センチほどの型が多かったためです。ところがだんだんとサイズダウンし、とうとう六センチ級ばかりになってしまいました。九センチ級はどこへ動いていってしまったのか？　考えても始まらないので、またまたミオ側へボートを出しました。満潮から干潮に向かう下げ潮を釣るときは、干潟になるタカにいるハゼが引き潮とともに深みに落ちてくるのを待ち受ける釣りになるのです。

デキの良型狙いで小型が多い場所を捨てる

この日のような潮回りが「嫌い」なのは、潮干狩りに出るマイボートが多いためもあります。モーターボートは傍若無人な走りっぷりで、気持ち良さそうに快走していきます。航跡波というものは干潟に近づくほど高く盛り上がるので、こちらのボートの舷側を越えて水が浸入してきます。おかげでズボンも釣り道具も、何もかもびっしょびしょ。マイボートが二艘通っただけで私は戦意喪失です。

やむなく沈船前へ移動しました。ここ数年、この時季は本格的に釣っていない場所です。一〇年以上前、いい思いを何度かしているポイントなので、様子見の釣り。もし過去のような釣れ具合だったら、腰を据えて釣ってやろうと考えていた場所です。

ハゼはたくさんいました。ところが五～六センチ級のオンパレードです。たまに八センチ級が交じる程度。今さら小型を釣りたくありません。どちらかといえば八～九センチ級を釣りたいので、ここは放棄しました。今回は型と数の二兎を追ったわけです。

川中の瀬をジグザグに釣ってみる

朝から南寄りの風が吹いていました。ちょうど上げ潮にかかったので、上流方向へ釣り上がるには絶好の条件でした。風と潮に従って右岸側だけを釣っていきました。左岸には

H遊船のボートが七艘ほど、ピッタリとヘチにくっついて釣っていました。ですから、そっちへはいかないようにしました。私としては遠慮したわけです。

船が航路を通過するたびに、川の中央の瀬に波が当たって崩れます。おかげで一番高い場所がわかっていましたので、それを目安にして、瀬の斜面を斜めに横断するようにジグザグに釣ってみました。

■穂先を水面へ引き込むほどの力強いアタリ■

風と潮が同方向で、しかも大潮なので、川の中央はガンガン流れです。1号オモリが着底しても、道糸がナイロン1号であっても、オモリが流されるほどの流れです。しかしそれは、もっけの幸いというもの。自分で誘わなくていいのですから、こんないいことはありません。潮上へ投入して糸を張っていると、ズズッと潮下へオモリが動くのがわかりま す。とたんにググッーと力強い引きが来ます。穂先が水面に突っ込むほどの強い引きです。そんなアタリのときは、エサを一～一・五センチと大きくつけるのが効果的です。

ボートの外へサオが持っていかれる

このエサつけによって、五～六センチ級のハゼを無視する作戦をとりました。小型はいくらもかかってきませんが、その代わり空振りも多くなります。

こういう場合、**小型のアタリか、良型のアタリかを見極める**のです。やたらにアワセません。「力強い」アタリだけをとります。あるいは、サオを手にしているならチクッ、コツッなどの明確な「前アタリ」をとりました。これは、サオ先にアタリとなって表れないアタリのことです。とても楽しい釣りになります。この日は、結構な頻度でコツッというアタリがありました。

時折、置きザオをボートの外へ持っていかれます。ハゼがそれほどの大きさに育った証拠です。

沈船から一〇〇メートルも川上へ釣り上がりました。川の中央の瀬の一番高い場所まで来ました。干潮時に船の航跡波が砕けていたラインです。潮が満ちてきた今は水深が一・五メートルもあります。急激な水位の上昇です。このあたりのハゼも、一〇日前に比べてずっと大きくなっているようです。上げ潮では一番子が入れ食いました。

ときには横着な釣りもする

南の風が強くなり、波が高くなってきました。一・八メートルのサオで穂先の道糸がようやく三〇センチほど出る水深です。流れがきついので、仕掛けを投入したらオモリが着底するのを待つだけです。穂先が水面へ突っ込めばそれで完了という横着な釣りをしました。

その代わり、エサはタラシを出し、しっかりとつけました。空振りでエサを食いちぎられてもそのまま再投入し、一回のエサつけで五尾ほど連続で釣るようにしました。とても効率の良い釣りです。

本日は上げ潮で勝負する潮回りだった

船酔いしそうな波になりましたので、右岸側、ゴロタの上手に行きました。風と波を少しは除けられます。水深一メートルの場所で釣ったところ、ここでも入れ食い。この日は上げ潮を釣る日でした。今の時間に釣らなければ一〇束に届かないと思ったので、一生懸命に釣りました。

オールで川底を突きながら、岸近くの蛇篭籠のそばまで行き、牡蠣礁の帯がどことどこにあるかを確認してから、その両脇を釣りました。根掛かりしないよう、牡蠣礁からサオ一本分離れます。ここも当然のように良型揃いでした。根周りはハゼの育ちがよいのです。

波と風が強く、アンカーが泥地に突き刺さっています。やむなく、さらに岸近くへ行きました。石の護岸が途切れたところで、蛇篭籠に変わる付近。水深五〇センチ。ホームレスの青テントの真ん前です。ここも入れ掛かりになりました。こうなると時間が来ても釣りを続けたいのが人情ですが、タイムオーバーはご法度なので、道具を仕舞いながらボートを流し、桟橋へ戻りました。

干潮時に予定していた場所が不発で、様子見だけで終わってしまいました。釣れないわけではありませんが、小型が多いから先延ばししたわけです。その代わり、川中の瀬で上げ潮をよく釣ったと思います。二兎を追って成功した一日でした。

9. 魚影の濃いポイントをどう攻略するか

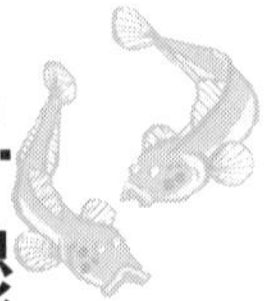

七月八日（火）**一〇束釣り連続九回目**　夏ハゼのミャク釣り。**五～一三センチを一二九尾**（ヒネ一尾含む）。外道にダボ少し。船宿、伊藤遊船。

中潮、満潮七時五〇分、干潮一四時二四分。あさってから小潮。潮はけっこう下がりました。正午までが勝負の潮でした。目標は正午までに七〇〇尾。朝の水温二六度、朝の気温二二度。水はササニゴリ。涼しくて釣りやすかったと思います。

曇り、南東の風、朝のうち二度しぐれました。のち、八時半ごろから本降りの雨が一時間ほど続きました。ボート内に溜まった雨水をバケツで排水しました。その後は、曇りときどき晴れ、南の風が強まりました。一六時過ぎから強い雨が降りました。

六時から一六時まで、一〇時間の釣り。平均一二一尾／一時間。正午までに八一九尾、一三六尾／一時間。予定以上に釣れました。午後は四〇〇尾を追加、一〇〇尾／一時間。潮が高い時間に入れ食いでした。

■心残りの場所を朝一番で釣る■

朝一番で、前回の納竿時間に釣った場所へ行きました。右岸、**石の護岸が途切れたあたり**です。入れ掛かりにもかかわらず納竿したのが心残りだったからです。水深七〇センチくらい。石護岸はまだ水に隠れていません。ここで一時間ほど釣りました。七～九センチ級の黒っぽいハゼがたくさん釣れてきました。黒いのは、川底の色に合わせた保護色です。

水位が高くなりましたので、五〇メートルほど下流へ移動し、蛇籠とその沖にある牡蠣礁の帯の間で釣りました。水深六〇センチほど。牡蠣礁を確認しながら、蛇籠との間をジグザグにボートを動かします。本日のような満潮時間であれば、朝のうちはとても釣りやすいのです。見込みどおり、デキの良型が揃いました。

釣れるハゼのサイズを予測してエサの大きさを決める

青イソメをあらかじめ小さく切っておく釣り人がいますが、私はこれをまったくやりません。**まずハリにつけ、釣れてくるハゼのサイズを予測して、それに合わせた長さ、太さに切る**ようにしています。

今釣れたハゼの大きさ、空振りの仕方、釣れているハゼの中心サイズなどを勘案し、ハリにエサをつけてから切るのです。したがって、毎回のようにエサの大きさは違います。臨機応変ということです。

朝一番の場所からゴロタの上手までで五〇〇尾になりました。いいペースです。このあたりの釣れ具合は把握できたので、区切りのいいところでアンカーを上げました。今度はゴロタの下手、水深五〇センチの場所を釣ります。ブイが浮かんでいる下手五〇メートル付近。

ここは、あっちこっちに牡蠣の小群落が点在しています。狙い目のポイントですが、水位が高くて牡蠣が見えないので、根掛かり覚悟の釣りになります。オモリにゴツッと触れる感触で牡蠣の場所がだいたいわかります。その周囲に見当をつけて振り込んでいきます。色の黒い元気なハゼが釣れました。ハゼは手の中でグルグル回ります。

■偵察釣りをして後悔することもある■

振り込んですぐにアタリがないときは、コッコッコッと、小さく速く小突いてやります。腱鞘炎になるような小突き方ではありません。サオ先を小刻みに「揺すってやる」程度の気持ちでいいのです。あるいは、左右・手前にスーッと誘いをかけます。すると、面白いようにサオ先をググッとしならせてくれます。

魚影は濃いのだから、あとはどうやって釣るかです。誘いとエサのつけ方だけ注意しました。正午の時報が鳴ったとき八一九尾でした。ハイペース。

一〇束は間違いない展開になりましたので、今度は気持ちを変えて偵察釣りをすることにしました。

沈船のポイントへ行きました。沈船の右側、タカの牡蠣礁周りを探ってみましたが、思ったほどには数釣れません。それに中型と小型ばかり。つまらなくなって、上流方向へ移動しながら釣ってみましたが、やはり中小型ばかり。

思い切って沈船沖、水深一・五メートルまで出てみました。しかし不発。中型がポロポロッと釣れただけ。川の中央の瀬のタカに乗ってみました。前回は釣れた場所なのに、ここも思わしくありません。やむなく、妙典排水樋門前の浅場へ行きました。やはり小型ばかり。干潮間近なので、水位が高いときはどんな様子だろうかと推理したりしました。

すぐにやめて川中の瀬に戻りましたが、瀬の上ではあまり釣れてこないので、つまらなくなってまた移動です。右岸のゴロタの下手五〇メートルに行きました。干潟からの斜面で水深〇・五～一メートル。前回までに実績のあった場所ですが、小型と中型がポツポツと釣れる程度。これでは時速一〇〇尾のペースです。とても一五〇〇尾には届かないな、と思いながら、それでもしぶとくハゼを拾う感じで釣りました。

内心、偵察釣りに転じたことを後悔し始めました。もっと積極的に釣果を伸ばしたほうが良かったのかも、という気持ちです。

木更津方面に真っ黒な雲の塊が

ボート店の船頭さんたちが、旗のついた棒を立てに来ました。障害物のある場所の目印です。それを機に、また川中へ出てみました。後悔しながら、性懲りもなく同じ行動をしてしまう。結果はまた同じで、つまらないことおびただしいのです。瀬の上はあまり面白い釣りになりませんでした。

それでも、なんとか一〇束には到達できました。あとはどれだけ釣り増すか。期待していた場所が不発だったので、右岸の波打ち際一メートル以内の浅場で拾うしかないかな、と思いながら、ゴロタの上手に入り直しました。

下流の湾岸道路に目をやると、木更津方面に真っ黒な雲の塊があって、降っているかもしれないと思いました。徐々にこっちへ近づいてくる様子。

(まずい……。雷が聞こえたらやめよう)

一〇束はクリアしたのでいつでもやめられますが、雲行きを見ながら競争です。

天候に急かされて余裕がなくなる

干潮で水位が下がってからは、釣れるハゼが小さくなりました。仕方なくエサを米粒くらいに小さくして、ハゼを寄せるも寄せないもないような釣りをしました。一〇～一五尾釣るごとに移動を繰り返しました。

このときはハゼを寄せるだけの気持ちの余裕がなくなっていたのです。食い気のあるハゼだけを狙って頻繁に動きました。岸際の片側だけを釣りました。

とうとう、真っ黒い雲が頭の上にやってきました。おやっ、雷が鳴んないや、と思っていると、雲の後ろが白く霞んでいるのです。だったら沖は降っているかも、と今度は雨が心配になりました。カッパもライフジャケットもとっくに乾いているから、できれば濡らしたくありません。

時間を見ながら釣り、午後の釣果がちょうど四〇〇尾を数えたところで納竿しました。宿へ上がって数えたら、なんとピッタシ四〇〇尾。こんなこともあります。午前の分と合計で一二一九尾になりました。午後は一時間で一〇〇尾ほどのペースでした。一〇束釣りでは最低ペースです。

鵜の大群がハゼを食べてしまう

釣果を振り返ってみると、右岸のゴロタ上下で一〇〇〇尾は釣りました。端数は偵察釣りをしながらアッチコッチで釣ったもの。ゴロタ周辺のハゼが一番型が良かったと思います。

潮が高い時間のほうがよく釣れました。この場所はそういうポイント。だから午前中が勝負でした。午後はポツポツで良いと思っていましたが、そのとおりになりました。

七月二日には川中の瀬の上で良型が入れ食いだったのに、わずか六日後のこの日は見込

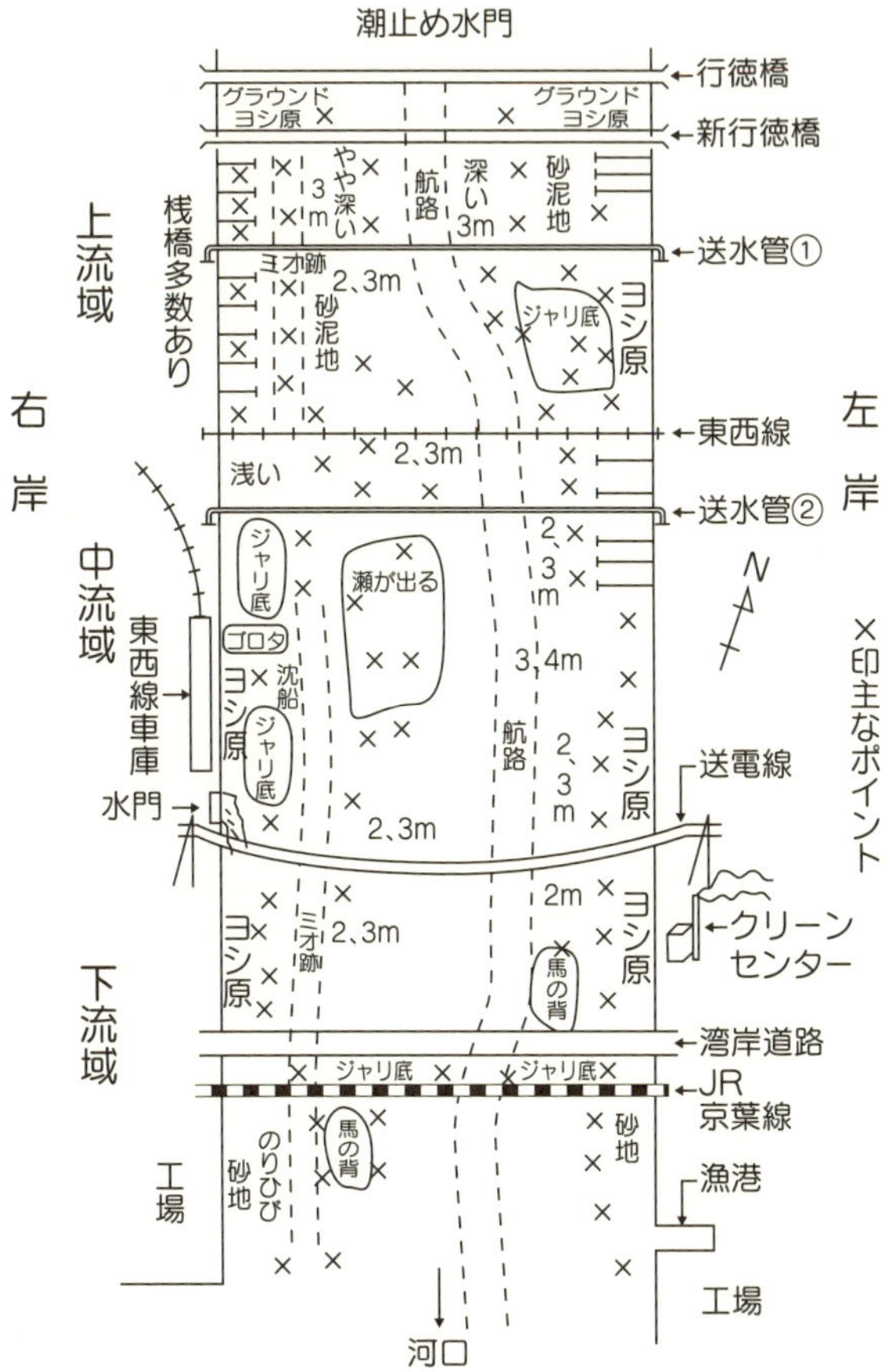

江戸川放水路夏ハゼミャク釣りポイント図

㊟洪水があると変化する

作図　鈴木和明

（『江戸前のハゼ釣り上達法』より）

み違いでした。ハゼのご機嫌がすこぶる悪い場所になっていたと思います。次回釣行までに機嫌が直り、たくさん釣れてくれることを期待したいと思います。

ただ一点、心配としては、たくさんの「鵜」がハゼを食べに来ている様子があったことです。ゴロタ沖などに鵜が群れをなしていました。瀬の上で釣れなかったのはそのせいかもしれません。食べられてしまったか、逃げてしまったか、どちらかでしょう。ハゼだって命がけだから避難したのではないでしょうか。「鵜がたくさん」と私が表現するときは、水面が真っ黒になるほどの大群を言います。

10．二本ザオのミャク釣りは置きザオで

七月一〇日（木）　**一〇束釣り連続一〇回目**　夏ハゼのミャク釣り。**五〜一四センチを一四一〇尾**（ヒネ二尾含む）。外道にダボ三尾。船宿、伊藤遊船。

小潮、干潮三時五〇分と一五時二九分、満潮九時四七分。小潮の初日。干潮位が前日より一一センチも高いから、潮回りとしては絶好の釣り日和です。けっこうな速さで流れますが、日中の水位はあまり下がりません。狙い目。

朝の水温二五度、朝の気温二二度。水はやや澄み。

曇りのちときどき晴れ。朝、南東の風、日中は南の風。涼しくて爽やかでした。陽が出てからは川の水でタオルを濡らし、帽子の下にかぶりました。とても涼しく感じ

10束釣り連続10回目、1410尾

ました。

六時から一六時まで、一〇時間の釣り。平均一四一尾／一時間。正午までに八三五尾、一三九尾／一時間。午後は五七五尾を追加、一四三尾／一時間。時速二〇〇尾の時間が三回ありました。しかし持続せず。満潮時も干潮時も入れ食いでした。水深〇・五～一メートルのラインから絶対に外れないよう気をつけました。魚影が濃いラインでした。

二匹目のドジョウを狙ってみた

朝一番で、**中流域の右岸、東西線車庫前**、水深一メートルにアンカーを入れました。ゴロタのすぐ上手です。ボート尻が上流を向きます。午前中七〇〇尾を目標に、このとおりに釣れたら、終日この付近を行ったり来たりして一〇束をまとめるつもりでした。

正午の時報までに八三五尾を数えたので、計画どおりここに腰を据えました。偵察釣りはやりませんでした。

二日前にこの場所で五〇〇尾釣っているので、様子はわかっていました。「柳の下の二匹目のドジョウ」という格言をそのまま実行したのです。とてもよく釣れました。

朝早いうちは干潟が現れていたので、ミオへ落ちる斜面際から釣りました。急斜面です。左にサオを出すと水深五〇センチ、右を釣ると水深一・五メートルです。

ちょっと釣ってみると、アタリが多いのは干潟になっている左側です。片側だけを釣ることに決めました。五〇尾ほど釣っては、サオの長さだけタカへボートを寄せます。水位の上昇を見ながら浅場を釣ったのです。

上げ潮なのに水が下流へ流れる

潮の上げっぱなから上げ三分くらいのとき、なぜかこのあたりは、上流から下流へ流れる時間があります。一時間くらいの間でしょうか。この日もそうでした。

風と流れが正反対なので、ボートが尻を振ってグルグル回ってしまいます。まあ仕方ないかと思いながら、前後左右サオの届く範囲を積極的に釣りました。

満潮の一〇時近くまでそれを続けました。ミオ際から蛇籠前まで右から左へ、タカへ、タカへと上がって釣ります。引き潮になってからは、オールで底を突いて牡蠣礁の帯を確認し、その帯の岸側を牡蠣礁に触らないようにして釣りました。デキの良型がたくさんいました。

蛇籠籠に近づくにしたがって小粒が多くなるので、その方面は「捨てました」。釣れ具合が良かったので、粒も揃えてみようと欲張ったわけです。

下げ潮が効いて水深が五〇センチもないほどになったので、今度は牡蠣礁の外側へボートを出し、牡蠣礁から約一メートルの範囲を積極的に攻めました。水深はどんどん浅くなりますが、予想が大当たりして入れ食いになりました。

ゴロタから七〇メートル釣り上がっただけで一四束

この日のエサつけですが、寄せエサ代わりの大きなエサはつけませんでした。そんな必要がないほど魚影が濃かったのです。エサは米粒大からせいぜい一センチ。それで十分でした。

ガバッ、ガバッ、というような食いつき方です。良型は、アワセるとラインを前方へ引っ張り、水面へピョンと飛び出てくるほど元気でした。浅場の釣りの特徴です。

この日は結局、狭い範囲での釣りとなりました。午前中はゴロタのすぐ上手、ミオから蛇駕籠までをカニの横走りのように一回だけ釣り、下げが効いてからは、蛇駕籠の沖三〇メートル付近にある牡蠣礁の左右を直線的に釣り上がっただけでした。

ゴロタの上手七〇メートルほどのところに、棒が二本立っています。そこは沈んだ台船に牡蠣が着いたポイントです。ゴロタからそこまでほぼ一直線に釣り上がったのみで、なんと一四束をまとめることができました。上出来。二匹目のドジョウがいたわけです。やってみた甲斐がありました。

災い転じて福となす

朝一番で釣っていたら、H遊船のボートが三艘来て、のちに七艘まで増えました。ゴロタの下手に入り、徐々に私の周りに展開します。混雑を嫌って移動しましたが、結果的にこれが幸いしました。おかげでこのポイントを「捨てる」決断ができたのです。

また、T遊船のボートが二艘現れ、私の上手で釣り始めました。その人たちの邪魔をしないよう、上手には近づきませんでした。

それやこれやで牡蠣礁の帯周りを重点的に釣ることになったとも言えるのです。怪我の功名と言いましょうか、災い転じて福となすと言いましょうか、ともかく良い結果が出たのです。他のラインに色目を使わずに済んだのは、他宿のボートさんのおかげかなとも思えたのでした。

ゴロタ周辺は、本日現在で魚影が濃いと思えます。鵜の食害が心配されるのですが、この日は鵜の数が少なかったようです。干潟や蛇籠に止まった鵜が羽を広げて威嚇するのを見ると、あっちへ行ってくれと言いたくなるほど禍々《まがまが》しい姿です。

いかにもミヤク釣りというスタイルではせいぜい七束

一〇束以上釣れるときは、置きザオで入れ食いになる時間がかなりあります。両手にサオを持って振り込みと誘いを同時にするとしても、それはわずかな時間。片方をアワセたら、もう一本は必然的に置きザオになります。釣り上げたハゼを始末して再び振り込んでから、置きザオのほうを上げると釣れている。その繰り返しになります。実は、置きザオ

ミャク釣り（2本ザオ）ポイント

ボート周囲を6区画に分ける
1区画で10～20尾を目標にする

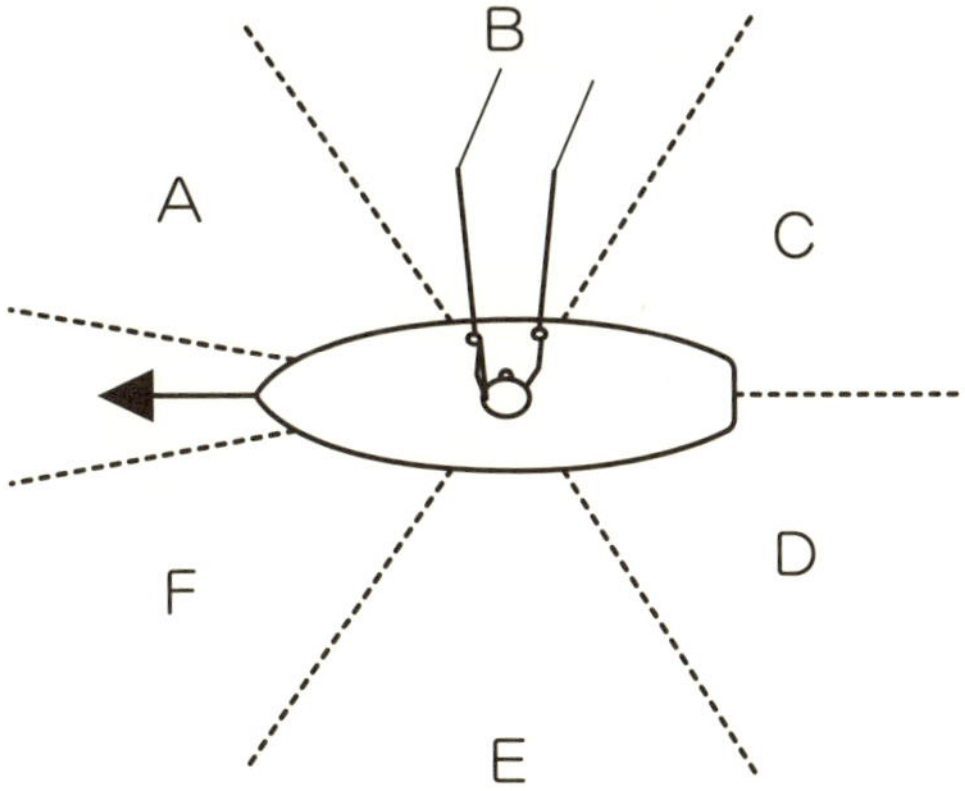

強風のときの釣り方

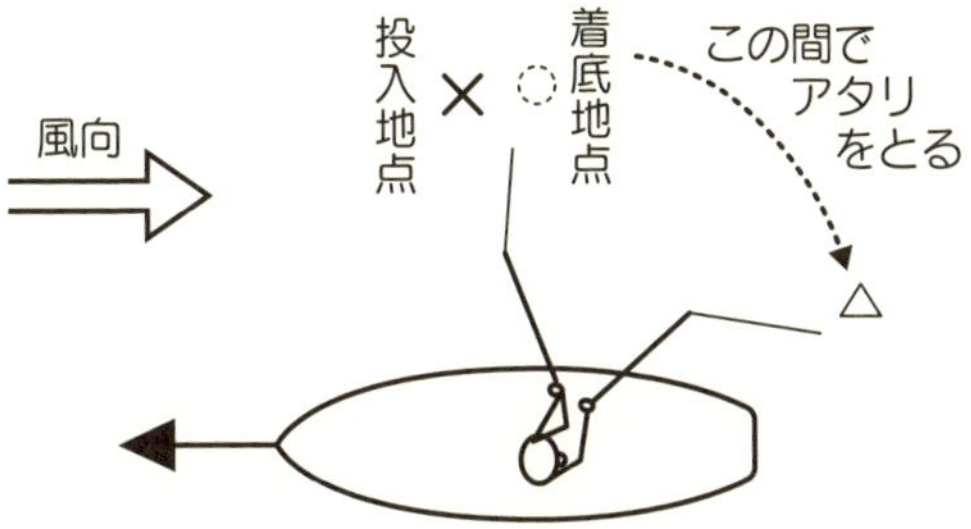

作図　鈴木和明

で釣れる回数が多いほど一〇束釣りに近づけるのです。

ですから「二本ザオのミャク釣りとは置きザオの釣りである」と常々私は言っているのです。

一日の釣果が七束前後にとどまる人は、サオを持って誘いをかけている時間がけっこう長いと思います。見るからにミャク釣りというスタイルは川面に映えますが、一〇束釣りをめざしたければスタイルに酔っている暇はありません。釣り姿が決まって見えるのは釣果の頭打ちの裏返しです。

11. エサつけ次第でアタリは出せる

七月一六日（水）**一〇束釣り連続一一回目**　夏ハゼのミャク釣り。**五〜一四センチを一一七七尾**（ヒネ一尾含む）。外道にダボハゼ（紫斑点含む）三〇尾くらいか？　船宿、伊藤遊船。

中潮、満潮二時三四分と一七時一〇分、干潮九時五二分。午前中の釣果が一〇束釣りを左右する潮回りでした。厳しい釣りになると覚悟して臨みました。

朝の水温二七度、朝の気温二三度。水はやや赤いか？

曇りのち晴れ。南東の風、のち南の風がやや強く吹きました。午後はうねりが高く、岸際へ移動して風と波を避けました。川の水で濡れタオルを二本作り、一本を首に巻き、もう一本は帽子の下にかぶりました。暑さと干潮との闘いでした。

六時から一六時まで一〇時間の釣り。平均一一七尾／一時間。正午までに七五二尾、一二五尾／一時間、午後は四二五尾を追加、一〇六尾／一時間。

アタリを出し続けることを最優先する

朝一番で、右岸、**東西線車庫前**、ゴロタの上手、石積みの護岸が途切れるあたりで釣り始めました。水深七〇センチほど。引き潮のスピードが速い。仕度をして一〇尾ほど釣る間に、護岸のブロックが完全に露出しました。座礁が心配なので、五〇尾ほど釣って移動。干潟になる斜面を沖へ向って漕ぎ、牡蠣礁の帯を越したあたりで釣りました。

デキの良型は少なく、中型が多いです。でも、数がたくさんいるようです。連日のように釣られているのに、ハゼの数はずいぶんと多いようです。

エサは〇・五～一センチ程度。食いちぎられて米粒より小さくなったエサでも、根気よく誘って釣りました。小突いたり、引いたりを繰り返します。

目一杯前方へ振り込むと、オモリの着底直後に穂先をひったくるようなアタリがあります。ハゼの活性が高い証拠です。

ときどきエサを大きめにして、わざと空振ってやることもします。二度、三度と空振りをします。それでいいのです。そのうちチクッという感触で良型が釣れます。ともかく、**アタリを出し続けることが先決**なので、釣ることは二の次です。この作戦だと、ハゼは自然と釣れ続きます。

■食い気が鈍いハゼは後回し■

H遊船、T遊船、O遊船、伊藤遊船などのボートがたくさん出ています。その間を縫うように釣り回りました。

潮はどんどん下がっていくので、一ヶ所で一〇〇尾などという釣りは望み薄です。五〇～六〇尾釣れたら少しずつ移動しました。

活発に食うハゼだけを釣る作戦でした。なぜかといいますと、上げ潮になったら同じ場所へ戻ってくるつもりだからです。いるだけのハゼを何が何でも今すぐ釣ってしまう必要はないので、食い気が鈍いハゼは後回しにしたわけです。

釣れ具合は前回ほどのペースではありませんでした。ただ、ハゼはまだまだ相当たくさんいるようです。なにしろアタリっきりなのですから。

二〇年前の私だったら、これほど頻繁にアタリを出せなかったでしょう。正直そう思えます。アタリを出し続けるという、ただ一点をトレーニングしてきた甲斐があったというものです。

沈んだ台船周りで二〇〇尾を釣る

五〇〇尾まで数えたので、ちょっと偵察釣りに出ました。これは私の「病気」のようなものです。川の中央の瀬に乗ってみました。水深五〇センチほど。アタリなし。即中止。続いて、ゴロタ下手の干潟から落ちる斜面で釣りました。ポツン、ポツン。場所によっては紫斑点ハゼの入れ食いでした。クソーッと思い、くやしまぎれに徹底して釣ってみたのです。時間の無駄ですが、くやしいから外道のハゼを釣りました。入れ食いです。全部、猫のエサにするつもり。

遊んでばかりいても仕方ありませんので、ゴロタの上手、さっき釣っていた場所へ戻りました。幸い、私のいた場所はそのまま空いていました。

目の前に沈んだ台船の残骸があります。目印の棒が二本立っていて、干潮で牡蠣礁があらわになっています。その周りをグルッと釣り回りました。黒っぽい保護色をしたデキの良型が元気よく釣れてきました。エサは一センチ以上と大きめ。一回りしただけで二〇〇尾釣れました。いるところにはいるものです。

アタリを見送る勇気と、ハゼを寄せる余裕

上げ潮が効いてきて、南風も強まってきたし、波がコロンコロンと強くなってきました。ボートがひっきりなしに前後左右に揺れます。アンカーは泥に食い込んでいます。なおも牡蠣礁の下手で粘りました。牡蠣礁が防波堤代わりになってくれるからです。

水深が一・三メートルくらいになってきました。この日は一・五メートルまでの水深を釣るつもりだったので、ラインはナイロン1号にしてあります。水切りが良く、水流に影響されにくいからです。仕掛けをつける先端部分には、ナイロン1・2号の先糸をつけてあります。ハゼの魚体でラインがこすれて切れないための用心です。

だんだん波が高くなるので、やむなく水深五〇～六〇センチの場所へ移りました。ここのハゼは一回り小さい反面、アタリは活発です。あとは釣り上げる確率の問題です。

中型以下のハゼは、エサの大きさや硬さによって空振りが多くなります。自分でつけたエサの状態はわかっていますから、むやみにアワセないよう注意しました。

つまり、**アタリを見送る勇気**と、**ハゼを寄せる余裕**を持つということです。それには、小型のアタリか中型のアタリか、ハリ掛かりしたアタリなのか、まだハリに掛からないアタリなのかを見分ける目が必要です。

アタリの頻度とハリ掛かり率が釣果に直結

ある程度の釣果を上げるには、アタリの頻度がどのくらいか、ハリ掛かりの確率をどの程度に設定するか、この二点が大切です。

ハリ掛かりの確率はエサつけで調整できますので、あとはアタリの出し方との兼ね合いだけが検討課題となります。

すべてのアタリを拾おうとしてエサを小さめにつけてばかりいますと、アタリがだんだん遠のきます。これはやむを得ない現象です。ハゼを寄せる効果が少ないからです。

私が一〇束釣るときも、条件やタイミングが同一というケースはさほど多くありません。極論すれば、アタリとアワセはすべて違っていると言えるでしょう。

だからこそ逆に、ハゼ釣りは奥が深いと思うのです。エサつけ次第でアタリはどのようにでも違ってくるのですから。

風が強くボートの尻方向だけを釣る

サオ先が風で上流方向へビューッとしなるようになりました。このところ、釣りにくるたびに風ばかりです。やむなく、朝一番に入った岸近くへ移動しました。グルッと釣り回って元の場所に戻ったことになります。

さっきまで干潟だった場所が、水深六〇センチくらいになっていました。石積み護岸の上とその沖目を狙います。しばらくぶりの釣りポイントです。ハゼは沖からたくさん舞い戻っていました。

風に背を向け、ボートの艫《とも》（尻方向）だけを釣りました。サオは右舷後方と左舷後方に出しました。二〇尾ほど釣ると、サオの長さだけ上流へ移動します。その繰り返し。

人間の見通しなんて一晩でひっくり返る

結果的に一〇束釣りを達成したものの、気持ちとしてはいっぱいいっぱいでした。今年はどういうわけか、川中の瀬の上でいい釣りをしたのは一回だけです。このところの偵察釣りは空振り続き。しかも沈船方面の釣れ具合がパッとしないから、今後の一〇束釣りは厳しい見通しになりそうです。

そうは言っても自然相手ですから、人間の見通しなんて一晩でひっくり返ることもあると思います。それだけを頼りに、次回の釣行を計画しようと思います。

本日現在の感触では、ゴロタ上流から東西線鉄橋付近までの右岸側がよく釣れていること、また、最上流域の送水管上手の右岸と左岸側、および右岸側のいくつかの桟橋付近がコンスタントに釣れているようです。

過去に良い思いをした場所へ行くのもひとつの作戦ですが、今釣れている場所で釣るのも悪くないと思います。

沈船から下流の釣り場は今後も偵察を続けようと思っています。釣ればしめたもので、腰を据えて釣るつもりです。その意味でも船宿情報は大切にしたいものです。

12. 酷暑の夏はハゼも避暑地へ移る

七月二二日（火）一〇**束釣り連続一二回目**　夏ハゼのミャク釣り。**五～一〇・五センチを一一二二尾**。外道に紫斑点ハゼ二〇尾ほど。船宿、伊藤遊船。

中潮、満潮六時四一分、干潮一三時一九分。「梅雨明け十日」の酷暑が続いているので水温上昇が激しく、食い渋りとの情報がありました。本日も厳しい釣りになりました。

水温は朝三〇度、午後三四度。異常な高温です。朝の気温二六度。水はササニゴリ。晴れ、南東の風、のち南の風がやや強くなりました。ウネリ少々あり。朝から濡れタオルを首に巻き、もう一本を頭からかぶり、その上に帽子をかぶって暑さをしのぎ

ました。涼しくて気持ちがいい。一時間もするとタオルが乾いてしまうので、また冷水に浸して頭に乗せます。一・五リットルのスポーツドリンク二本と梅干持参。熱中症予防を心がけました。

六時から一六時まで一〇時間の釣り、平均一一二尾／一時間。正午までに七〇〇尾、一一六尾／一時間。午後は四二一尾を追加、一〇五尾／一時間。

川水がぬるま湯状態のときの作戦

一〇時までに五〇〇尾を釣る予定でした。浅場の水は直射日光でぬるま湯状態ですから、食いが極端に悪くなる時間までがひとつの目安だったのです。

それ以降は沖目に出て、干潮時を挟んで五〇〇尾を追加できるかどうかの釣りでした。ほぼ予定どおりにできたと思っています。

このような判断が釣行前にできているかどうかは、とても重要な要素だと考えます。

水門から沈船まで、辛抱して小型を釣る

朝一番で**妙典排水樋門**の上手、右岸へ行きました。水深一メートル。南から波がポチャポチャと寄せています。波が高くならないように祈るしかありません。早い時間から風が強まると、一〇束釣りを断念することにもなりかねません。

念のために岸際スレスレを釣ってみました。ポツポツで小型ばかり。ズルズルと沖へ移動。立ち込み釣りの人が立てたとおぼしき竹棒が一本、ポツンと立っている場所まで出ました。デキの良型交じりで小中型主体。

今の時間は潮止まりだから、まあしようがないかと思い、二〇～三〇尾釣ると移動を繰り返しました。

とにかく小型が多い。こんなときは、動くと良い結果が出ることが多いという過去のデータを持っています。二時間釣って二〇〇尾ちょうどでした。つまり時速一〇〇尾。渋い時間をなんとか乗り切ったかという思い。

この二時間で水門上手から沈船の上手までおよそ一五〇メートルは移動してきました。そろそろ潮が動いてきただろうと思い、水門近くへ舞い戻りました。満潮時の食い渋りに時速一〇〇尾だったから、潮が動けばもっと釣れるだろうという読みがあったためです。

他のボートに遠慮するのが私流の礼儀

朝と同じ場所は、H遊船のボートが何艘かいて入れませんでした。仕方なく、その外れにアンカーを下ろしました。

朝よりも五メートルほどラインを沖目へずらし、違う筋を釣ってみました。なんと入れ食いです。型も朝よりずっと良くなりました。目論見どおりと言えるでしょう。

気をよくして、そのまま沈船近くまで釣り上がりました。そしてまた最初のラインへ戻ります。このように、釣るラインを少しずつずらしながら三回流しました。

O遊船のボートもさっきから来ています。そのボートとラインが重ならないよう、私の方でラインを外しました。それが礼儀だと思っているからです。結局、三回流して五〇〇尾になりました。

沈船沖の良型ハゼを探し回る

太陽がガンガン照りになっています。とても暑いです。これではハゼも、うだってしまうでしょう。浅場は急にペースが落ち、型も小さくなりました。大中のハゼはどこへ行ってしまったのでしょうか。

そこで予定どおりに沈船の沖へ出てみました。干潮まであと三時間半です。沈船沖は水深一・六メートルほどだったと思います。一・八メートルのサオで道糸が穂先一〇センチほど出る程度。ともかく深かったです。

1号オモリが着底するまでに時間がかかります。あいにくと、釣れてくるハゼが小型中心でした。**小型ばかりでは、深い場所で釣る甲斐がありません**。つまらないのです。深場に出たら良型の引きを楽しみたいではありませんか。

小型が多いと空振りする率も上がります。能率が悪いです。そんなわけで、八〜一〇センチ級のハゼを求めて沈船沖のエリアをあっちこっちと頻繁に動きました。

やってみるもの！　やはり良型が群れている場所がありました。魚群を探り当てて入れ食いとなる時間もありました。正午までに七〇〇尾。これは願ってもないペースです。一〇束釣りを確信しました。

■現時点の釣果を確定するためビクのハゼを数え直す■

沈船沖のエリアは何度も偵察釣りを繰り返していました。なのに、今までは良い釣りができませんでした。

この日は、もうここしかないという決め打ちで勝負してみたわけです。天候と潮回りが、そのような勝負をさせる巡り合わせになっていたのでしょう。

午後は上げ潮と風と波に乗り、上流方向へ釣り上がりました。このところのお決まりのパターン。川中の瀬の方向へも行ってみましたが、ポチポチでした。釣れただけでよしとするしかありません。

波が高くなったのでゴロタの上手、水深五〇～七〇センチの斜面へ行きました。あと一〇〇尾で一一束になるはず。

食い渋りが激しいので、数を確定するためにビクのハゼをバケツに入れて数え直しました。ギリギリのときは、時折このような行動をとります。絶対数をしっかり把握するためです。

数がいい加減なまま釣っていると、一〇束にわずか足りないことが起きるからです。数えた結果は四七〇尾。午前の五〇〇尾は船宿に上げているから、合計で九七〇尾になります。まだ一〇束になっていませんでした。三〇尾の計測ミスをしていたことになります。

酷暑の夏は早朝が勝負

必死になって三〇尾を追釣しました。こんなときは、なかなか数が伸びないものです。さほどに、ハゼ釣りも精神的なプレッシャーがかかるものです。ようやく絶対ラインを確保しました。あとは釣り増すだけですから、心静かに安心して釣ることができます。どう転んでも一〇束は確保してあるという余裕でした。

ますます水温が上昇する時間です。一雨欲しいところですが、それは望み薄です。だから朝一番がひとつの目安なのです。涼しいうちにある程度の釣果を確保すること。日中の干潮前後の約五時間は、水深一～一・五メートルの比較的深場を釣ること。水位が高いときの深場は水深二～二・五メートルになりますから、長ザオが必要です。

日中に満潮時があり、水位が比較的高いときは、干潮時に干潟になる場所で小中型主体に釣れると思います。

デキの良型を狙う場合、これからの季節は水深一～一・五メートルを釣るようになります。満潮時でも干潮時でもそうなると思うのです。以上が私の一〇束釣りのスタイルです。

予定どおりの釣りができて乾杯

数を狙わず、デキの良型狙いに絞る場合ですが、水位が高いときは二・七～三メートルのサオで水深二メートル以上のポイントを釣り、干潮時には水深一・五メートル前後を釣るといいでしょう。

ヒネにしてもデキの良型にしても、この暑さでは人間同様に「避暑地へ避難」するのだから、梅雨どきに釣れていたポイントではなかなか数が出ないと思うのです。

釣り人が頭を切り替えるべき季節が訪れたということです。これからは一〇束釣りがますます厳しくなる季節。それだけに、予定どおりの釣りができたときのうれしさは格別です。本日はひそかに乾杯！

13. 偶然が重なれば結果は必然となる

七月二五日（金）一〇**束釣り連続一三回目**　夏ハゼのミヤク釣り。**七～一四センチを一三五三尾**（ヒネ一尾含む）。外道にダボハゼ四尾のみ。船宿、伊藤遊船。本日は会心の釣りでした。サイズを七センチ以上としたのは私の気負いかもしれません。それほどに良型ばかりだったということです。

小潮、満潮九時一八分、干潮一四時五五分。小潮の中日。日中にもっとも潮が引かない日。**この潮を狙い撃ち**したところ、ピッタシ決まりました。満足。理由は後述。朝の水温二九・五度、朝の気温二八度。水はやや澄み。水温が低いことを示しています。朝から幸先よしと、気分をよくして出船しました。

晴れ、朝は北西の風、涼しい。のち南西の風ややあり。暑いので、朝からおしぼりを頭にかぶりました。一時間ごとに交換。熱中症予防対策は前回と同じ。

本日はいくつかの偶然が重なって、一三五三尾という釣果が「必然」となりました。偶然が重なれば結果は「必然」となるのです。

まず①予報されていた雷と突風、集中豪雨に襲われなかったこと（いつでも逃げる態勢でいました）②前日までの強風が吹かなかったこと（ラッキー）③終日、干潟が露出しなかったこと（これは初めから承知していたし、狙っていた）④だから、船が通ってもニゴリが出なかったこと。これらが幸いしました。

六時から一五時三〇分まで九時間半の釣り、三〇分早上がり。平均一四二尾／一時間。正午までに八八四尾、一四七尾／一時間、午後は四六九尾を追加、一三四尾／一時間。終日コンスタントに釣れました。

潮が違えばポイントも釣り方も変わる

本日の計画は、**沈船の右手**、岸との中間にある**牡蠣礁**の山の周囲をグルリと回ってデキの良型を釣るというものでした。小潮の中日で潮の引きが小さく、牡蠣礁の山が「絶対に」

露出しないというのが理由です。しかも満潮が九時一八分ですから、とても釣りやすい環境になるのです。

ただひとつの懸念は雷ですが、納竿まで鳴りませんでした。いくつかの条件が「偶然」にしろ良いほうに傾きました。ラッキーでした。

七月二二日とは潮が違いますから、狙う場所と釣り方が違ってきます。同じ釣り方はできないと思うし、しないほうがいいと思えます。同じ場所を釣ったとしても違った釣りになるはずです。

■沈船上手で良型の入れ食い■

朝一番で沈船の沖にアンカーを入れました。二・一メートルのサオを出し、サオの尺一杯で釣ってみました。最初の一〇分で七～九センチを一〇尾。一時間六〇尾のペースです。釣れることを確認できたので逃げ場として押さえておき、沈船の上手に移りました。一・八メートルのサオを出して、水深一・三メートルを狙います。入れ食いでした。

型は同クラスでした。ならば浅場を短竿で釣ったほうがはるかに効率が良いので、二・一メートルのサオは仕舞いました。

付近にはT遊船のボートが先着しています。邪魔しないよう、その上手から釣りました。八～一一センチ級の入れ食い。このクラスにターゲットを絞り込み、エサは一～一・五センチと大きくつけました。空振りも多いけれど、釣れればデキの一〇センチ以上です。その上、かなりのハイペース。願ってもない好釣果です。穂先をググッと力強く絞め込むアタリだけを取りました。小型のアタリは無視しました。

■一ヶ所で釣れるハゼの数が多かった■

次第に潮が高くなるので、五〇～一〇〇尾釣るとサオの長さだけ岸へ寄りました。本日は一ヶ所で釣れてくる数が多いのが特徴です。しかも一〇センチ級ばかり。こんなことも珍しいと思いました。

ハゼたちはよほどに飢えているらしい。連日の暑さとニゴリ、高波と来ては、ハゼだって食欲ダウンだったのではないでしょうか。本日は水温が低く、水はやや澄み、水位は高い、波はない、風は爽やかと好条件だらけ。実を言えば私はこれを狙ったのですが、ピタリとはまった感じです。

牡蠣礁周りを攻める計画に従い、少しずつ移動しながらその場所へ近づいていきました。

オールで底を突いて牡蠣を確かめ、その際を釣りました。良型ばかりです。水深は満潮時で約一・五メートルでした。根掛かりは予定のうちで、ハリを一三本取られました。

川底の状態を知らないと行き当たりばったりの釣りになる

T遊船の船が前後にいるのですが、見ていると、川底の様子を知らずに釣っているとしか思えない動きです。それでは行き当たりばったりの釣りになってしまうだろうと思いました。

彼らのそんな動きを見越して、牡蠣の山を一回りするように動いていきました。

このような釣り方ができるのは、小潮で干満の差が極めて小さいこと、満潮時が午前中にあること、六〜八月中旬の間であることなど、いくつかの条件がそろった日だけです。

これは長年の経験からはっきりわかっています。だから潮を見て本日を選んだわけ。ただひとつの懸念は雷ですが、今回もクリアできました。

このように、いろいろな条件が「偶然」整ったのだから、「釣果」の一三五三尾という数字は、私にとって「必然」の結果と言えるのです。

一ヶ所の釣果×移動回数で釣果が出る

「必然」という言葉を使えるのはある程度の腕前を持つ人だけです。たとえば、ボートの周りにハゼが一〇〇尾いたとします。このハゼを一時間で釣ってしまう技術があるか、それとも二時間かかるのかという問題があります。

私なら一時間以内に釣りきって、すぐに移動します。二時間かけて釣る人は、次の移動までに二時間かかるため効率が悪いわけです。

私はいつも言うのですが、「一ヶ所で〇〇尾、△回移動したとすれば〇〇×△で釣果が出る」という表現を用います。数釣りをめざす場合、一時間で何尾釣ることができる「腕」を持っているかがとても大事な要件なのです。

小型しか釣れないのはなぜか

一日中入れ食い状態が続きましたが、小型しか釣れなかったという方を何人も見かけ、「愚痴」も聞きました。

なぜそうなるのでしょうか。たまたま小型ばかりのポイントだったのかもしれません。しかし、それにしても今の時季は大中小の混生ですから、エサつけに注意すればよかったのではないかと思うのです。

話を聞くと、アタリを取ろうとするあまりエサをだんだん小さくしたようです。空振りに手を焼いたあげくのことでしょうが、そうすると結局は小型ばかりが釣れてくることになりかねません。

小型は「今は」絶対数が多いから、エサに群がるのはどうしても小型ばかりとなり、先にハリに掛かってしまうのです。それを避けるには大きなハリを使えばいいのですが、そうすると今度は小型が釣れなくなります。

釣れるサイズをエサつけで調整する

私などは小さい1号バリ専門ですが、エサを一～一・五センチと大きくするか、あるいは頭に近い硬い部分を一センチくらいつけるといった方法を取ります。こうすると小型のハゼは飲み込めませんから、釣れないアタリばかり出ますが、そのうち周りにいる一〇センチ級とか八～九センチ級が釣れてくるのです。

これは、釣るハゼのサイズをエサつけによって整える釣り方と言えます。私はこの方法で型を揃えています。

この場合、今いる場所の見極めが必要になります。たとえば良型のたくさん釣れそうな場所かどうかですが、それは実際に釣ってみなければわかりません。だから、最初のうちはエサをわりと大きめにつけます。それで状況がわかるのです。

テンプラ用に開けるハゼが大漁

一〇センチ級の入れ食いだったから、エサは終日、大きめにして釣りました。小型もけっこういるので空振りが多い反面、釣れれば大きかったのです。

本日の一三五三尾のボリュームは素晴らしかったと思います。デキとはいえ、調理人の腕次第でテンプラ用に開けるサイズがかなり交じっていました。

こんなに楽しい釣りは一年ぶりでした。こういうことがあるからハゼ釣りはやめられません。

前日まで食い渋っていたというのに、一夜明ければ様変わりで、この日釣りに来た人は「大当たり」だったと思います。

一四時半ごろから南西の風が強まり、ボートの揺れが激しくなったので早上がりしました。潮を見ながら、どこでどのような釣りをしようかと計画を練るのも楽しいものです。それには、江戸川でのある程度の経験が必要だと思います。ダメ元で自分なりに計画して、チャレンジしてみてはどうでしょうか。**私など、過去にどれだけつまらない計画を立て、どれだけ失敗してきたか、数えればきりがありません。**

14. 失敗率が五割なら勝負してみる

七月二八日（月）一〇**束釣り連続一四回目**　夏ハゼのミャク釣り。**七〜一四センチを一三三五尾**（ヒネ三尾含む）。外道にダボ八尾、サッパ一尾。船宿、伊藤遊船。朝一番は潮が悪くて苦戦しました。

若潮、干潮六時五八分、満潮一五時一〇分。上げが八時間も続くダラダラの潮。明日から中潮になります。上げ潮が押してくるまで「超」食い渋りでした。上げが効いてからは「超」入れ食いになりました。

朝の水温二九・五度、朝の気温二五度。**水は澄み。桟橋の杭にカニがたくさんよじ登っていました。**登れる棒には全部カニがついています。不吉な予感がしました。水が酸欠気味のときの特徴だからです。

曇り、北東の風、のちときどき晴れ、南東の風。蒸し暑い。オシボリ使用。

六時から一六時まで一〇時間の釣り。平均一三三尾／一時間。ただし、朝一番の二時間は一〇〇尾しか釣れていないから、残り八時間で一二三五尾を釣ったことになります。一五四尾／一時間のハイペースが八時間持続したということです。

水深三〇センチで目一杯振り込んだ

朝一番で右岸、**沈船の上手**へ行きました。水深五〇センチです。いろいろな兆候から水が酸欠気味と見て、食い渋りを覚悟しての釣りでしたから、ボートの尻を浅場につっかけて釣ってみました。

七〜八センチ級がポロッ、ポロッと釣れてきます。食い渋りのときはエサをやや大きくつけます。空振りを繰り返していると、次第にアタリが多くなってきました。それでも二時間釣って一〇〇尾。

沈船の沖、水深一・二メートルまで出てみましたが、アタリなし。そのまま対岸の左岸、高圧線上手の水深一メートルを偵察しました。八〜九センチを五尾。釣れるのはわかりましたが、潮止まりなのでこんなものかと思いながら沈船の上手へ戻りました。やむなく「超」浅場を釣ることにしました。水深三〇センチほどか。本日はそれで仕方がないと思いました。

浅いので、サオが天を向いています。だから、前方へ目一杯振り込み、サオを倒してズルズルと引きずりました。コツッという感触があれば、ちょっと待ってみます。コツッだけでは「今朝」は乗ってこないので、次の引き込みを誘ったのです。

エサを大きくつけてありますので、あわててアワセる必要がありません。エサをくわえて引っ張り回してくれれば上出来、という釣りをしたのです。

二時間でわずか一〇〇尾、ウワーッと叫びたくなる

一〇〇尾を数えたので時間を見たら、すでに二時間経過。ウワーッ！　と叫びたくなりました。

辛抱辛抱と言い聞かせ、上げ潮が効くのを待ちました。情報によると、昨日は午後一時半ごろになって釣れたとか。ということは、上げ潮になってもそれほど食わなかったのかと不安になります。

であれば、本日の一〇〇〇尾釣りは「超絶望状態」です。上げ潮で釣れてくる確率は五〇%か？　それでも五分五分だぞと考えていました。

ところが、とたんに良型が釣れだしました。一〇センチ級の入れ食いです。「超」浅場なので、ハリにかかったハゼが水面上へピョンピョンと跳ね出します。

さっきまでの誘い釣りは何だったのかと思いたくなる活発なアタリ。「おんなじ場所」なのに、なんで？　こんなにも違っちゃうのか！

白くふやけたエサに米粒大のエサを足す

ともかく、こうなったらエサをつけてホン投げるだけ。手返し勝負なので、ひたすら投入しました。投入しさえすればハゼはついてくるからです。スローペースを挽回しなければと必死になって釣りました。

エサも一〜一・五センチと大胆なつけ方。青イソメの頭だって捨てずに使います。ギューーッと潰し、口からハリを通して、太いまま一・五センチもつけました。

これだけエサが大きいと食われても外れないので、一回のエサつけで一〇尾は釣れます。白くベロベロにふやけても、まだハリに残っています。そこへ、赤い部分をチョコッと米粒くらいにつけてやります。それでまた何尾か釣れます。能率のいいこと。

食い渋り後の入れ食いでは、そのようなエサつけが良いのです。エサさえあれば食いつくのですから、効率のよいエサつけに徹しました。普段はこんな大胆なつけ方はできません。

ハゼがとても腹をすかせているときがある

周りには伊藤遊船、T遊船、H遊船、TT遊船などのボートがひしめいてきました。本日のご機嫌斜めのハゼでは、ボートが一点に密集するのもやむを得ません。みんなで仲良くハゼを分け合って釣るしかないと思いました。

こんな状況では川を縦に移動することがあまりできないので、自分のボートの周囲を釣ってしまうと、潮が高くなった分だけ浅場へ上げるようにしました。ハゼは相当に「腹を空かせている」らしく、一回移動するだけで軽く一〇〇尾は釣れてきます。青潮などが終息した直後の特徴的な釣れ方です。

ということは、昨日今日の食い渋りは青潮のせいかと考えたいのですが、そう簡単には決めつけられないようです。

でも、原因がどうであろうと「超」食い渋りだったことは確かで、それが解消したからにはすごい入れ食いになること間違いなしです。経験的にそのようなことが多かったのです。

ハゼのご機嫌を悪くする水は比重が重い

だから、条件の悪さを逆手にとっての釣行なのです。過去に、この方法で何回も一〇束釣りに成功しています。

一〇〇〇尾釣りに失敗する確率を五割と読んでいましたが、幸いに上げ潮で食ってくれました。データどおりか！　と思うのですが、私の「悪運」がどれほど強いか、我ながら改めて自信を深めた次第です。

潮が効いてからは水深〇・五～一メートルを釣りましたが、午後は水位が高くなり、一～一・五メートルを釣らざるを得ませんでした。しかし、相変わらず食いは活発です。この日釣りに来た人は、みなさん良い思いをしたのではないでしょうか。

干潮時に水深一・五～一・八メートルとなるラインでは、アタリがほとんどありませんでした。ハゼのご機嫌を悪くした水は比重が重かったのではないのかと推察できます。

15. 釣れないほどつまらないことはない

七月三一日（木）**一〇束釣り連続一五回目**　夏ハゼのミャク釣り。**五～一四センチを一一五八尾**（ヒネ三尾含む）。セイゴ一尾、ダボ数尾。伊藤遊船。**青潮気味の潮が続いていた**ので、今度こそ一〇束釣りが途切れるのを覚悟して釣行しました。ハゼとの真剣勝負です。型は良かった。小型はとても少なかった。

中潮、干潮一〇時〇八分、満潮一七時二二分。明日から大潮になります。

朝の水温二八度、前回より一・五度低い。水はやや澄み、まあまあか。カニはよじ登っていなかった。ラッキーでした。たくさん登っていたら釣りをやめるつもりでした。本気です。理由はつまんないから。釣れないほど「つまらないこと」はありません。私は楽しむために釣りをするので、つまらなければやることはないと思っています。

曇り、北東の風、涼しい。のち、ときどき晴れ。暑くなったので、例によってオシボリをかぶりました。

六時から一六時まで、一〇時間の釣り。平均一一五尾／一時間。初めの一時間で七五尾。その後の五時間で正午までに六四五尾、一二九尾／一時間。午後は四三四尾を追加、一〇八尾／一時間。よく釣れたと思います。

放水路生まれのハゼはどこへ行ってしまったのか

朝一番で**湾岸道路上手の右岸**へ行きました。今季初のポイント。水深〇・五～一メートルの砂地を釣りました。引き潮が速い。浅場と深場、数ヶ所を釣ってみました。四五分で八～一一センチを七五尾。

釣れたのは行徳沖のハゼかと思いました。青潮に追われて逃げ込んだもののようです。焦げ茶色が濃く、精悍な顔つきをしていました。

放水路生まれのハゼが釣れてこないのが不思議です。色が違うから、見分けは大体つくのです。放水路生まれは顔つきも穏やかだと思います。

川のハゼは一体どこへ行ってしまったのでしょうか。こんな具合では、あっちこっち試し釣りしても同じ様子だと思い、すぐに見切りをつけました。今釣ったこの場所は保険として押さえておきます。ここでウジウジしながら釣ってもろくなことがないとも思いました。結果として、偵察釣りに来たのと同様のことになりました。

一五〇尾を放流して帰った釣り師

沈船へ向かって一目散にボートを漕ぎます。北東の風で引き潮が効いていますから、漕いでも漕いでも進みません。沈船までおよそ一四分。スポーツセンターでボート漕ぎ器具のトレーニングをしたのと同じです。汗をかき、息が上がりました。

沈船上手の水深五〇センチで釣りました。入れ食い。こちらのほうがずっとアタリが多いのです。デキの大中小の交じりですが、釣れれば何でもいいという気持ちでした。

水位の低下が早いので、沈船とゴロタを結ぶミオ筋の斜面に位置を変えました。ここはよく釣れました。

他宿のボートも来て混んできました。邪魔しないように声をときどきかけながら移動します。

干潟から立ち込んでいる人がいました。釣ったハゼをくれると言います。要らなければリリースするというので、そうしてくださいと頼みました。その人は棒ウキを使っての釣り。なかなかの上手と見ました。上がるからと声をかけてくれたので、放流するハゼを眺めていたら一五〇尾近くはいました。

周囲のボートに注目された私の釣り

アタリが少ないと釣りにならないので、いつものようにエサを大きく長くつけ、空振りを繰り返してハゼを寄せました。釣れ始めたらこっちのものです。五～六尾は連続して釣れるし、後が続きます。一投目から釣れればこんなうれしいことはないのですが、それよりも「**釣れ続く**」**状態を作り出す**ことが先決だといつも思っています。周りのボートの人が「見てると面白いよ」と言って私の釣りを見ています。

私はというと、朝一番の遅れを挽回したくて必死でした。正午でちょうど七二〇尾。この五時間は時速一二九尾のペースでした。何かホッとしました。もう大丈夫？　という気持ちになれたのです。

新聞社のハゼ釣りの取材に応じる

上げ潮が効いてきてからは、徐々に潮をかぶる干潟へボートを上げ、水深三〇センチのラインを積極的に釣りました。タカへ上がるハゼを追いかけたのです。八～一〇センチ級が多かったと思います。

最終場所は沈船の右横です。牡蠣の群落周りで良型を狙い、数をまとめました。東西線車庫前の川中の瀬の上でも、本日は釣れたようです。私が釣ったわけではなく、他のボートの様子を眺めてそのように判断しました。どうやら、潮は良くなってきた兆候が見られます。今後が楽しみ。

市川市の讀賣新聞加盟店発行の「マイタウンガイド」誌（発行部数二〇万部という）が声をかけてきたので、納竿間際でしたが取材に応じました。女性記者でした。釣り場の写真とインタビュー。

江戸川の報道が増えれば、結果的にハゼ釣りのお客さんが増えます。放水路全体がハゼ釣りで栄えるのは私の望むところです。そうなってほしいと本気で思っています。

釣り場へ行くとエイヤッと釣りに出てしまう

沈船周辺での一〇束釣りはこれで連続三回を記録しました。毎回パターンの異なる釣りでした。そのうち二回は、一〇束釣りが危ぶまれる厳しい状況下でした。宿の船頭さんたちも心配していたとのこと。ありがたいことだと感謝しています。

釣りは、やってみなければわからないもの。釣れる確率は五分五分だといつも思っています。

私は一〇束釣りの連続記録が途切れるか途切れないか、常に「賭けて」いるのです。途切れるのを恐れて釣行を断念することは、まずありません。

たとえ恐れる気持ちが起きたとしても、それはあくまで気持ちの上の問題で、釣り場へ着けばエイヤッとボートを出してしまいます。無謀とも言えるかと思いますが、それが私の釣りなのです。かえって周囲の人が心配してくれます。本日もそのような釣行だったと思います。

16. 一本のハリに二匹のハゼ、しかも七回

八月四日（月）一〇**束釣り連続一六回目**　夏ハゼのミャク釣り。**五〜一四センチを一四八三尾**（ヒネ三尾含む）。小型はスレ掛かり。セイゴ一尾、ダボ一五尾ほど。伊藤遊船。久しぶりの型狙いで大成功でした。

大潮、満潮六時一二分、干潮一二時五〇分。明日から中潮になります。満潮の水位がとても高く、それを利用しました。

朝の水温二九・五度、朝の気温二七度。水はササニゴリ、良好。

朝のうち曇り、のち晴れ。暑い。熱中症対策を実施。南西の風、のち南の風が少々吹きました。釣り日和でした。

六時から一六時まで一〇時間の釣り。平均一四八尾／一時間。正午までに八四一尾、一四〇尾／一時間。午後は六四二尾を追加、一六〇尾／一時間。終日入れ食いでした。

子ども会のハゼ釣り大会でボートより釣れた場所

朝一番で、伊藤遊船の桟橋下流にある青い送水管の一〇〇メートル下手へ。右岸、護岸の石畳のある場所です。水深一メートル前後のヘチ。

昨日、市川市子ども会連合会のハゼ釣り大会が実施されました。陸釣りですが、岸から投入すると入れ食いだったとか、ボートよりも釣れたとかいう情報がありましたので、試しにその場所へ寄ってみたのです。

入れ食いで、一時間二〇分釣って二〇〇尾。情報どおりの釣れ具合です。伊藤遊船さんのボートが六艘集まりました。

私には別の目的地があったので、入れ食いの中を離脱しました。周りの人たちはどう思ったでしょうか。

ゴロタの真上を一本ザオで釣る

私の目的は型狙いでした。ゴロタの真上にアンカーを入れて場所を確保します。すでに二〇〇尾釣っているので、なんだかとても余裕がある気分です。

だから一本ザオで釣りました。根掛かりが多いのもありますが、久しぶりに一本ザオの釣りを堪能したかったのです。

一〇束すれすれの綱渡りばかりやっていると、一本ザオで釣る機会がなかなかありません。ちょうど型を狙える潮回りだったので、チャンスとばかりに計画した釣行です。

ゴツゴツの山の上を水中遊泳させる

型狙いだから、エサは一・五センチと長く大きくつけました。水深は一メートルちょっとという感じ。

ゴツゴツの山があるのは承知の上ですから、オモリが遠くに着底しないよう、振り込んだサオ先を一定の角度に保ちます。仕掛けを水中遊泳させ、スーッと足元に戻ってきてコツンとゴロタに当たります。

ラインを緩めると、オモリがコロコロッと下へ落ちるのがわかります。下まで落とすと根掛かりするので、確かめた高さで再度振り込みます。

今度はコツンと当たったところで停めておきます。すると、サオ先が上へ持ち上げられるアタリ。食い上げと表現してもいいでしょう。ハゼが首を持ち上げ、石の中途にぶら下がったエサに食いついてくるのです。

これを狙ってタラシをたっぷりと出しておきました。オモリを上に保持したまま、垂れたエサを食わせる作戦です。一〇～一二センチの良型ばかり。真っ茶色に日焼けしています。ゴロタの真上で一本ザオの釣りをするのは六年ぶりでしょうか。

■沈み石のそばで大型狙い■

TT遊船のボートが来ました。さりげなく場所を譲ります。一時間で良型ばかり一〇〇尾釣ったので、もう十二分に満足して二本ザオに切り替えました。そしてゴロタの山から下り、山の周囲を釣り回ったのです。

周りは大中の交じりでした。エサを大きくつけているのに、時折五～六センチ級がスレ掛かりしてきます。一本のハリに二尾釣れてくることもありました。なんとそれが七回。

魚影の濃さに加え、食いが活発だったのが良かったと思います。

山を半周したところで正午となり、半日分の釣果を宿に上げました。八四一尾いたと連絡あり。これなら一〇束は確実です。今度はゴロタの沖目を睨み、ゴロタを背にして釣りました。

目印となる棒の沖は落ち込んでいて、沈み石の大きいのが十数個あります。投入するたびに水深が違います。それでも釣れれば大きいのです。ペースダウンしましたが、良型をしつこく釣ってみました。ヒネだかデキだかわからない良型が水面を走ってノス（ハリ掛かりした魚が激しく暴れる）さまも豪快です。

ハゼが透きとおってきれいに見える

干潮時間になりました。風は南。上手に他宿のボートがいるので、ゴロタから下手へ、風上に向かって三〜四メートルずつ移動し、干潟の斜面を釣りました。水深は〇・五〜一メートルのライン。型は七〜一〇センチ程度と思えました。二番子、三番子でしょうか。

ちょうど太陽に向かって釣れてくるので、魚体が透きとおって、とてもきれいに見えます。ということはあまり大きくないわけですが、それでも入れ食い。ゴロタの周辺より速いペースです。

ここのハゼが中型主体なので、エサは〇・五～一センチと小さくつけました。ときどきエサを潰して軟らかくしたものをつけます。臨機応変です。

仕掛けの交換は三〇秒以内を目標に

ゴロタを集中的に攻めるのは数年ぶりでした。ゴロタ周りだけで八〇〇尾は釣ったと思います。水位があるうちはゴロタ周辺を離れませんでした。

残りは、ゴロタから下手のミオ筋の斜面で数を整えました。ゴロタではいつも誰かしら釣っていますが、釣られているようで釣られていないことがよくわかりました。それを確かめたくて釣行したわけです。大当たり。

予備バリは二五本消耗、予備仕掛けは八組消耗。**仕掛け交換は**三〇**秒以内**に行うのが私の目標です。それ以上のロス時間はかけられません。

■今年の中流域は例年以上に釣りやすい■

中流域の魚影は濃いと言っていいでしょう。今の時季にゴロタで一〇束超という釣果は、我ながら素晴らしいと思います。そう表現できる釣れ具合でした。

江戸川のハゼの状態は毎年のように違っています。今年の中流域は例年以上に釣りやすいと言えそうです。特に高圧線までの間で釣れ盛っています。

17. アタリを出すために振り込みを繰り返す

八月八日（金）**一〇束釣り連続一七回目**　夏ハゼのミャク釣り。**六～一三センチを一二三五尾**。船宿、伊藤遊船。思いどおりに楽しむことができました。ストレス解消になりました。

小潮、満潮九時一二分、干潮一四時三五分。七月二五日と同じような潮。そのときと同様に沈船周辺を狙うつもりでしたが、他宿のボートが先着していましたので、あきらめて他のエリアを釣りました。このようなこともあります。

朝の水温三〇・五度、水はササニゴリ。朝の気温二七度、午後の気温三五度。最高気温でした。

朝から晴れ、南の風。風があるせいで暑いわりに爽やか。午後、南西の風。大きな梅干二個持参、二リットルのポカリスエットを一本空けてしまいました。クーラーの冷水にタオル二本を浸け、ビショビショのまま交互に頭にかぶって暑さをしのぎました。これは「超」涼しかった。頭と肩を冷やせば大丈夫です。

六時から一六時まで一〇時間の釣り。平均一二三尾／一時間。正午までに八一〇尾、一三五尾／一時間。午後は四二五尾を追加、一〇六尾／一時間。午後はペースが落ちる傾向にあります。

釣り場予定を変更して結果オーライだった

朝一番で**右岸の東西線車庫前の沈船**へ行きました。他宿の先着ボートがいます。潮回りが七月二五日と同じようなので、朝一番で沈船横の牡蠣礁周辺を釣り、満潮以後は妙典排水樋門前から釣り始めて、沈船までを釣り上がる予定でした。

しかし、先着のボートが両方のポイントに入っていたので、バッティングを避けて予定を変更。沈船の上手、水深一メートルで釣り始めました。入れ食いです。八〜一〇センチ級。

ボート尻が上流を向くので、右が深く、左が浅くなります。本日は右側が型がいいのです。だから、上げ潮ですが、移動するたびにやや沖目へボートを移しました。水深一・五メートルまで行くと良型がよく釣れてきました。

こんな釣れ具合なら予定変更もOK、結果オーライです。ならばと、沈船上手とゴロタの中間エリアで腰を据えて釣る覚悟を決めました。イチかバチかの勝負です。

入る予定だったエリアも気になりますが、先客の動きや釣果の数字から釣れ具合を判断できますので、次回の楽しみにとっておくことにしました。

空振りも楽しくなる

「良型狙い」と肩肘張らなくても本日は良型がかなり交じります。エサのつけ方も良型を意識し、細いものは一・五センチ以上につけてタラシを出しました。やや太いものは一センチと短くしますが、1号のハリが隠れるようにつけます。

前述したように、このやり方だと空振りが多くなります。アタリは頻繁にあるのに、アワセても乗りません。それは小型のしわざで、エサに食いついてもハリまで口が届かないのです。事実、エサが小さくなると必ず六〜七センチ級が釣れるので、このサイズがかなりたくさんいるものと考えられます。

それでも釣れれば大きいから、空振りだって楽しいのです。しまいには「中型のアタリだな」と感じたらアワセをしなくなりました。好きなだけ食わせて引っ張らせておきます。こんな釣り方は周囲の目にどう映ったでしょうか。

この釣り方をしていると、両手にサオを持って振り込みを繰り返し、アワセて釣り上げることが多くなります。だから、二本ザオでもミャク釣り本来のアワセでかなりの数を釣っていたと思います。

振り込んだエサをハゼから見たら水中を乱舞する

振り込んでアタリがなければ、一呼吸待って、すぐに振り込みをやり直す。水深一・六メートルまでの場合、これが私の常套手段です。だから、空振りをして振り込み直しているのではないのです。アタリを出すために再振り込みをしているわけ。これが「水中遊泳」と名づけた誘いのテクニックで、どんなに水深が浅くても通用します。

振り込んだエサは、ハゼから見ると水中を乱舞するわけですから、振り込み直すとしっかりとしたアタリが出るのです。これは実に気持ちいいです。

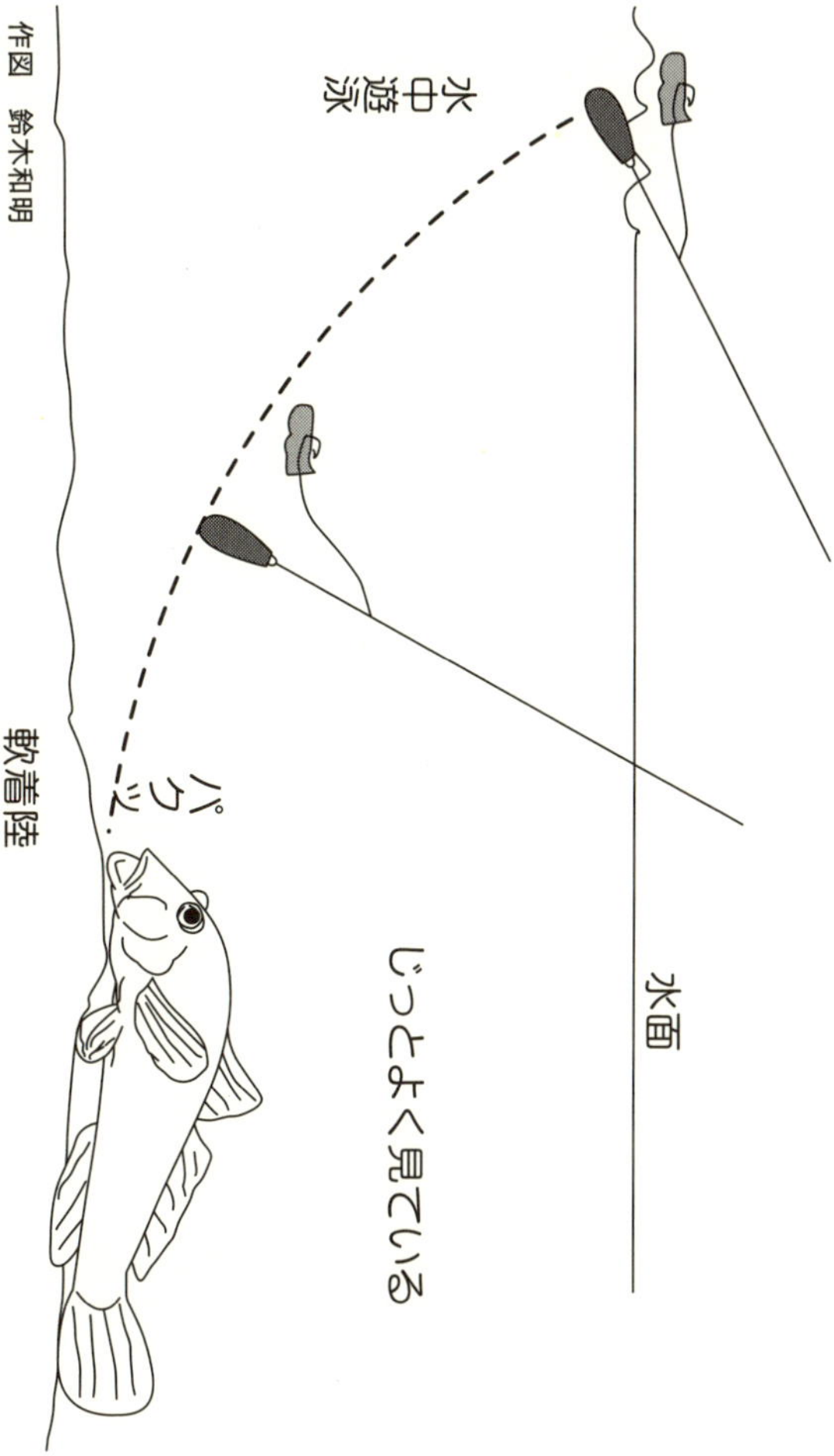

水中遊泳と軟着陸のところ（『江戸前のハゼ釣り上達法』より）

サオを持ち、誘ってじっと待つ釣りは、私もやらないわけではありませんが、せっかちな私の性格に合わないようです。どちらかというと静よりも動です。

再振り込みの回数だけアタリが出る水中遊泳釣法こそは私向きの釣り方です。

二本ザオで二本同時に釣り上げていいときもある

サオ二本を手にしているとき、二本同時にアタリが出ることがあります。食いアタリであれば二本同時に上げました。これは魚影が濃いときの釣法ですが、この日はそうしてもよいほどの魚影と判断したのです。

両方とも食いアタリとは限りません。上げるまでもないと判断したサオは置きザオにし、釣ったサオの始末に集中します。再度振り込んでから置きザオを上げると、かなりの確率で釣れてきます。これは楽しみなものです。

コツをつかむと、二本交互に釣り上げるサイクルができます。この連鎖を可能にするのはエサつけだと思います。だからエサは大きくつけるか、そうでなければ長くつける。

何よりもアタリを出し続けることが大事です。アタリさえ途切れなければ、そのうちきっと釣れます。

■赤潮を避けて浅場で小型狙い■

沈船の上手とゴロタの間は砂地で、牡蠣の群落が帯状に点在します。牡蠣礁の場所は正確にはわかりません。水位が高くて底が見えないので、沖目から岸方面へ釣り上がっていきました。これで牡蠣の群落にぶつかります。

牡蠣周りには良型がいます。移動して突然に良型が釣れ始めたら、その付近に牡蠣があるものと判断し、根掛かり覚悟で釣るわけです。

下げ潮が効いた午後、南風に吹き寄せられて、沖から「赤潮」が入ってきました。川の半分以上が赤く見えます。偏光グラスをかけているのですぐわかったのです。

赤潮は徐々に沈船付近を覆ってきました。浅い場所は水の色が良いので、とりあえずそちらへ避難します。水深三〇～五〇センチ。型は六～九センチほどで、どちらかというと小型が多い場所になりました。辛抱して釣りました。

■置きザオを持っていかれる大アタリ■

そのうち風が南西になり、けっこう強くヒューッと吹いてきました。その途端に赤潮は対岸方向へ行ってしまいました。

水の色が戻ったので、それではと元の場所へ戻りました。水深一・五メートルのラインを釣ってみました。これは季節、干潮時間に向かって、良型のハゼはやや深場に着いていると判断したからです。これは季節、日照り、暑さ、風などから総合的に判断しました。

一・八メートルのサオで届く範囲をすべて探っていきます。ボートが川の中央方向に斜めに向くので、右を釣ると水深一・四メートル、左へ振り込むと道糸が一〇センチ余るくらいの斜面です。

この時間のハゼはここに居ついていました。それを見つけたうれしさは格別です。思いどおりの型が揃いました。膝に乗せたサオが引っ張られ、水面に持っていかれるほどの食い方です。干潮の潮止まり間近とはとても思えない活発な食い方。同宿のボートもいつの間にか同じようなラインに並びました。

■生き物は居心地のよい場所へ移動する■

潮の干満、風や水温の変化に応じて、ハゼはかなり敏感に移動すると思います。だから、今現在のハゼの着き場を常に探す釣り方が必要になるのです。釣りポイントに「絶対」「固定」「確定」はないと思います。

ハゼは生き物だから、そのときそのときで居心地のよい場所へ動くと思います。この日は、どうやら七〇%くらいの確率で場所を探し当てることができました。もちろん見込み違いもあります。でもそれは、データとして蓄積できるから無駄にはならないのです。

18. ハゼを狂ったように夢中にさせてしまう

八月一一日（月）**一〇束釣り連続一八回目**　夏ハゼのミャク釣り。**八～一四センチを一四三八尾**（ヒネ六尾含む）。船宿、伊藤遊船。良型狙いで釣りました。一〇センチ以上がほとんどで、ヒネかデキか迷うようなサイズが多数交じりました。総重量五六三〇グラム。平均三・九グラム／尾。

偵察釣りのつもりで入釣した場所が入れ食いだったので、終日そこに居座りました。そのエリアで終日釣ったのは八年ぶりか。満足。こんなこともあるのです。

長潮、干潮六時四三分、満潮一五時三九分。一日中、だらだらと上げる潮。よく釣れました。

朝の水温二八度、朝の気温二五度。水はササニゴリ。午前二時半ごろ、ドドーッと音を立てる豪雨が四〇分ほど続いていました。

曇りときどき晴れ。東の風弱く、ボートがグルグル回ります。無風の時間があり蒸し暑かった。オデコに「熱冷却シート」を貼ってしのぎました。その他の熱中症予防対策は前回同様。午後になって南東の風がそよそよと吹き、やっと涼しくなりました。

六時から一六時まで、一〇時間の釣り。正午までに九五〇尾、一五八尾／一時間。午後は四八八尾を追加、一二二尾／一時間。終日入れ食いでした。あまりに良型揃いなので、伊藤遊船さんに頼んで目方を量ってもらいました。忙しいのにやってくれました。五キロオーバーとは尋常の目方ではありません。すなわち粒が揃ったということです。特に午前中は良型揃いでした。

飢えたようにガツガツと食いつく

朝一番で、**伊藤遊船の対岸**（左岸）、**東西線鉄橋**の上流一〇〇メートルほどの場所に入りました。水深は一メートル。長潮で、明日から中潮に入ります。この潮回りだと付近の牡蠣礁は露出しないので、少し沖目からオールで川底を突いて牡蠣の群落を探しました。

岸から一五メートルほどのところに牡蠣礁を発見。もっと沖目にもあり、そこには旗が何本も立っています。上げ潮を釣るので沖目は無視し、岸近くの牡蠣礁に的を絞ります。牡蠣礁の際を釣れるようにアンカーを打ちましたが、ボートが尻を振ると牡蠣礁の上にかぶさります。仕方がないので手を伸ばし、やや外れの砂地を釣りました。水深は一メートル前後です。一〇～一二センチ級の入れ食い。すごく飢えているような、ガツガツという感じの食い方です。

エサは大きくつけました。この様子だと五ミリ程度でも釣れないことはありませんが、ハゼを、気が狂ったように夢中にさせてやろうと思って、大きく長くつけてみたのです。いわば遊び心。これが功を奏してアタリっぱなしになりました。

移動先をふさがれ、来たラインを戻る

同宿のボートが次々と入釣するので、押し出されるような形で上流へ上流へとボートを移しました。大きなエサでコマセをたっぷりとまいてあり、ハゼもたくさん釣れ残っています。あとから来た人たちを心配することもなく、私は上流方向へ逃げました。

ところが、ここに入りきれないボートが私を追い越し、上手に入ってしまいました。二

〜四艘います。行き先に蓋をされてしまったので、しようがないと思って来た方向へバックしました。

水位が高くなっているので、来たラインを微妙に外れたようです。デキの大中の交じりで釣れました。総じて、朝よりやや小さいかという感じです。それでも相変わらずよく釣れてきました。

■ 浅場は風波の立ったほうがよい ■

他の場所でやっていた人たちも移動してきました。一艘や二艘ではありません。戻りのラインも、あっという間に塞がれてしまいました。やむなく上流へ方向転換です。さらに岸近くを釣る形になりました。

納竿前の一時間は、水深三〇〜五〇センチの浅場を釣ってみました。偵察のつもりでしたが、時速一〇〇尾程度で釣れました。しかも良型。南東の風がやや吹いてきたのが幸いして、浅場でよく食ったと思います。風波が立ったほうが浅場はよいのです。

■偵察に行ったエリアで八年ぶりの一〇束釣り■

偵察釣りのつもりが思わぬ大漁に出くわし、腰を据えて釣ってしまいました。このエリアでの一〇束釣りは八年ぶりです。

かつての実績はあったのですが、何かとチャンスがなく、いつも偵察釣りでお茶を濁していたエリアでした。このような釣れ具合も珍しいと思います。たまには、このようなまぐれあたりの日並に恵まれることもあります。これも悪運の強さに入るかもしれません。

偵察を決意したきっかけは**船宿情報**でした。前日までの船宿情報の中に宝石が交じっていたわけですが、偵察釣りを実施しなければ見逃していたかもしれない宝石です。試しにちょこっとサオを出してみるのもいいものだと、改めて思いました。本当にラッキーな日でした。

19．小型が多いのはハゼの新規供給が続いている証拠

八月一四日（木）**一〇束釣り連続一九回目**　夏ハゼのミャク釣り。**七～一三センチを一二一七尾**。船宿、伊藤遊船。一〇束釣り「連続」一九回を達成しました。自己新記録です。過去二〇年間を振り返ると、二〇〇七年に一八回連続、〇三年と〇五年にそれぞれ一五回連続の記録があります。今シーズンのチャレンジはまだ続きますが、それはハゼのご機嫌次第でもあります。

中潮、干潮九時三〇分、満潮一六時五一分。あさってから大潮になります。思っていたほど潮位が下がらず、予定変更を余儀なくされました。南風が強い影響かもしれません。

朝の水温二九度、朝の気温二七度。水はササニゴリ。晴れときどき曇り。南の風やや強く、午後、南西の風やや強し。風で白波が立ったため、狙っていたポイントを断念せざるを得ず、そこは次に取っておくことにしました。曇りと風のおかげで川の上は爽やかでした。オシボリ使用。スポーツドリンク二リットルボトル一本、麦茶二本持参。熱冷却シート使用。梅干大二個を食べました。六時から一五時三〇分まで、九時間三〇分の釣り。平均一二八尾／一時間。風のために三〇分早上がりしました。朝の五時間で六九七尾、一三九尾／一時間。納竿までに五二〇尾を追加、一一五尾／一時間。午後はどうしてもペースが落ちます。諸条件ありますが、スタミナ切れも一因かと思います。

沈船上を徹底して釣ってみる

朝一番で、沈船へ行きました。本日の潮では、沈船はさほど露出しないはずなので、棒を目安に沈船の上を釣る計画です。

二本ザオをそっと振り込み、水中遊泳させました。コツンと牡蠣に当たって、その前後にギュギューンとサオをひったくるアタリが来ます。ハゼがエサをくわえて走るのです。

牡蠣礁の上での特徴的な引きです。

二本同時のアタリなので二本とも取り込みました。いずれも一二センチ前後の真っ茶色のハゼです。アタリが一本だけの場合、もう一本はそっと落としておきます。引きずったが最後、根掛かりしてしまうからです。

本日はどういうわけか、私以外のボートが全然現れません。チャンス到来。沈船を徹底的に攻めてやろうと考えました。こんなチャンスはめったにありません。沈船上をこのように釣るのは一〇年ぶりです。

たいてい他のボートがいますので、遠慮して近づかないようにしているのです。好ポイントの宿命です。

牡蠣山のハゼを砂地へ誘導して釣る

潮が引いて、ボートの底がゴツンゴツンと牡蠣に当たります。牡蠣山の外側へボートを移しました。偏光グラスで牡蠣山と砂地の見分けがつきますので、牡蠣山の際を釣りました。

牡蠣山の上から砂地へと仕掛けを水中遊泳させます。**ハゼにエサを見せつけ、釣りやす**

い場所に誘導するわけです。根掛かりするので、牡蠣山へは軟着陸させません。

仕掛けが砂地に着底する直前、しっかりとしたアタリが出ます。こんな面白い釣りはないと思います。アタリが出るぞと思っていると、そのとおりになるのです。

サオ一本は砂地を釣りました。根掛かりの心配がないからですが、置きザオにしていると、食いついたハゼに仕掛けを持って行かれて牡蠣山に根掛かりすることがあります。それを警戒し、置きザオのアタリは早めに取り込みました。

風が強くて長尺のサオは出したくない

岸側が浅くなりました。沖をマイボートや大型の船が遠慮のない走りで通過するので、航跡波によって浅場はすっかり濁ってしまいました。これでは釣りになりません。干潮時の宿命です。

風は川下から吹いていますが、あえて沈船の下手へ回り込みました。やや深いので川底が見えません。根掛かりと仕掛けの消耗を覚悟で釣りました。予備の仕掛けは一五組用意してあります。

突風がときどき吹いてきてボートの揺れが激しくなりました。それに、潮が思っていたほど下がりません。

風が強いから、二・一メートルとか二・四メートルのサオは出したくないのです。やむなく予定変更をし、沈船の沖側の縁を回り込むようにボートを着けました。

牡蠣山からドンと落ちた場所と、ボートの反対側を釣りました。水深は一・八メートルのサオで道糸が二〇センチ余る程度。良型を抜き上げる心地よい引きを堪能しました。

前後左右に揺さぶられ、下を向くと目が回る

沈船を重点的に攻めて五時間、巡回してきた船頭さんにハゼを渡しました。六九七尾との連絡。どうにか一〇束を射程内に収めた思いです。

この強風では浅場を釣るしかないので、これからの五時間はボート酔いとの戦いになります。これがけっこう大変です。

ボートが前後左右に揺さぶられるので、下を向いていると目が回ります。そこに船の引き波が加わると、ボートがクネクネと複雑に揺れます。

ただひとつの救いは、私以外のボートが一艘もいなかったことです。これが幸いでした。気ままに釣りができたからです。

波と風と上げ潮に押され、残り時間は沈船周りを放棄して（本当はもう一回りしたかった）、上流方向へ水深〇・五～一メートルのラインを釣り上がりました。午後からはペースがやや落ちましたが、やむを得ないと思います。

西の方角から真っ黒い雲がやってくるのを見ました。船宿では雷を聞いたと言っていましたが、釣り場ではまったく聞こえませんでした。雷が鳴ったら釣りを中止する構えだったので、一〇束達成を急ぎました。

小が交じるのはハゼの新規供給が続いている証拠

雨も雷もありませんでしたが、風だけはますます強くなり、川面に白ウサギもたくさん立っていたので、三〇分早上がりしました。

本日のハゼは、沈船上やその周辺では一〇～一三センチの良型、沈船から外れるほど中が交じり、上流方向への上げ潮時の浅場では、大中小の交じりでした。

その付近では、小さくなったエサに七センチ前後のハゼがかなりアタックしてきたので、今後が楽しみだと思いました。

小型がたくさんいるのは、そのエリアでハゼの「新規供給」あるいは「補充」が続いている証拠です。つまり幼魚が次々と育っている。

デキの良型ばかりで小型がほとんど釣れないのは、釣り人にとってはうれしいことですが、先行きを思えばちょっと気になります。

「補充」が弱いということは、今いるハゼを釣りきってしまったら、しばらくの間まったく釣りにならないということなのです。だから、大中小の交じりで釣れてくる状態がより良いのではないかと私は思うのです。

20．海草が繁茂すると大釣りできる

八月一八日（月）**一〇束釣り連続二〇回目**　夏ハゼのミャク釣り。**七～一四センチを一五一三尾**（ヒネ二尾含む）。船宿、伊藤遊船。総重量は六三六五グラム、四・二グラム／尾。デキハゼが確実に大きくなっており、その良型が釣れています。型狙いと一〇束の両天秤で、二兎を追いました。

大潮、満潮五時一七分、干潮一一時五七分。朝の水位はとても高かった。
朝の水温二八度、朝の気温二〇度。水は澄み。
晴れ、北のち北東の風、のち南東の風。朝方は涼しすぎるくらいでした。日中はオシボリ使用。

10束釣り連続20回、1513尾

検量風景。右側はオカミさん

六時から一六時まで一〇時間の釣り。平均一五一尾／一時間。入れ食い。午前中の六時間でちょうど九〇〇尾、一五〇尾／一時間のペース。残り時間で六一三尾、一五三尾／一時間。終日ほぼ同じペースで釣れたことになります。

釣れているポイントで釣る

朝一番で**沈船**へ行きました。沈船と岸との間に牡蠣礁があり、その上に乗りました。このところ徹底しているのが、釣れているポイントで釣ることです。

潮がとても高く、水深が確保できるので、安心して牡蠣山の上に乗りました。根掛かり覚悟の良型狙いです。水深一・五メートル。このくらい深さがあると牡蠣山の上でも釣りになります。

穂先下へオモリを軟着陸させることができ、根掛かりが少なくなります。エサは一・五センチほどの長さで、タラシをたっぷりと出しました。正解でした。水深があるから根掛かりが少なく、釣れれば大きいのです。

同宿のボートが来て、並んで釣りました。そのお客さんが「こんなに釣った」とビクを見せてくれました。すごいボリュームです。

■川の真ん中に一人、入れ食いにやりたい放題■

五〇〇尾を数えたところで潮が引いて浅くなり、二人してそのポイントを離れました。私はゴロタまで上がり、沖目の瀬の上に出ました。

水深がまだ一・五メートルはあります。ここで釣るのは久しぶり。そうしたら、釣れた釣れたと言いたくなるほどの釣れ具合。しかも空振りが少なく、良型ばかり。

アンカーを上げると海草がたくさんついてきました。ハリにも、オモリにもついてきます。海草があるほうがハゼは大きくなるし、釣れるのです。ようやくその条件が揃ったようです。

ただし、リール釣りの人には不向きの場所。海草で何もかも団子状にからまってしまうからです。ここはミャク釣りの場所と考えるべきでしょう。

川の真ん中には誰もいないので、やりたい放題に移動を繰り返すことができます。エサを大きめにつけて放り込めばサオを持っていってしまうのですから、こんな楽な釣りはありません。足しげく通っていると、時にはこんな良い思いができるのです。

この瀬の上で四八二尾を追加しました。船宿の船頭さんが巡回してきたので魚を渡しました。

■またも入れ食い、目一杯釣ろうと手返し勝負■

瀬の上が五〇センチと浅くなりました。水が澄んでいて見釣りができるほどです。日差しも強まり、さすがに食いが悪くなりました。潮止まりを過ぎたころです。そこで移動。沈船の上手五メートル、ミオ筋の外側へ行きました。水深一・二メートル。私の好きな場所のひとつです。ここで数を整えるつもりでした。

上げ潮にかかったので、どんな具合かとサオを出したところ、七〜一二センチ級の交じり。またもや入れ食いです。今日は一体どうなっているのかと思う釣れ方です。なぜこうなるのかわかりませんが、釣れるのだから目一杯釣ってやろうと手返し勝負をしてみました。

エサは一〜一・五センチと、ハゼのサイズを見ながら大きさを変えていきます。細いエサは頭から縫い刺しにしました。頭がついているとエサ持ちがいいのです。太目のエサは一センチくらいにつけました。ハリにつけてから切りますが、空振りするようなら、さらに少しちぎります。

検量数との誤差一%は許容範囲

どんどん潮が上げてきて、一・八メートルのサオが底に届かなくなりそうです。沈船から岸寄りのラインへ移り、斜面にアンカーを打ちました。ボートは上流を向き、水深は左一メートル、右一・五メートルです。

浅場へ上がって行くハゼを釣りました。けっこう良型が交じります。五〜六センチの小型は無視することにして、エサを大きめにつけました。良型だけを選んで釣るのは贅沢な釣りと言えますが、この日はそんな条件が揃ったのです。

沈船上手に入ってから五三二尾を釣り、ここで納竿しました。本日も満足の釣りでした。何といっても、数が一五〇〇を超えたのです。

検量数は自己申告より一五尾少なく、私の数え間違いがあったようです。誤差約一%なら私の許容範囲。型も揃って総重量六三六五グラムを記録しました。

今年は近場で楽な釣りをしようと思う

青潮などのアクシデントがないとはいえ、この時季に一五〇〇尾とは途方もない釣果だと思います。例年ならば、一〇束を揃えるのに四苦八苦する時季です。しかも、中流域で釣れ盛っています。今年はこのような環境が出来上がっているようです。それならそれで、釣り人も環境に合わせればいい。釣り場が近くてやりやすいのは大歓迎です。

湾岸道路より下流域でも釣れているようですが、中流域で釣れている間はそちらへ行く気がしません。横着になったのかな、とも思います。今年は近場で少し楽をしてみようと考えているのです。下流域のハゼは、今後のリール釣りのために温存しておいてもいい……というのは私だけの気持ち。

21. 季節はずれの寒さで青潮の発生を心配する

八月二二日（金）**一〇束釣り連続二一回目**　夏ハゼのミャク釣り。**七～一三センチを一一六六尾**。船宿、伊藤遊船。強風とスタミナ切れのため三〇分早上がり。

中潮、満潮八時一〇分、干潮一三時五三分。明日から小潮になります。

朝の水温二七度、朝の気温二〇度。水は澄み。昨夜の宵のうち、大雨で雷が鳴り、風も強かった。青潮の発生を心配しました。

晴れときどき曇り。北東の風、のち東の風、強風。対岸からの波が高い。涼しいのを通り越して寒い。終日、厚手のカッパ上下を着て、首にはタオルを巻き、さらに船宿のライフジャケットを着込んで寒さをしのぎました。今年の天候は異常だらけです。

六時から一五時三〇分まで九時間三〇分の釣り。平均一二二尾／一時間。午前中の六時間で七四〇尾、一二三尾／一時間。午後は四二六尾を追加、一二一尾／一時間。数字としてはまあまあだし、例年こんなものですが、本日の釣りは苦労しました。決して楽な釣りではなかったと思います。

それは、魚影の濃さにムラがあったからです。二日前のテレビ取材のときと同じ場所でしたが、型も数も釣れるペースも前回より劣ったので、ハゼが動いたのではないかと疑問を持ちました。別のデータからも同様の推測ができます。仮にそうであるとしても、私は大きく動かず、エリアを絞り込んで辛抱しました。私にとっての「大釣り」、たとえば一三束や一四束の希望は捨て、一〇束に乗せることを最優先しました。行きたい場所もありましたが、偵察釣りは放棄しました。過去の経験を活かせたと思います。

二日前とはまったく違って貧果

朝一番で、二日前のテレビ取材（二本ザオでの一〇束釣りのペースを密着取材、九月中に「釣りビジョン」で一二回放送されました。六時三〇分から一一時四五分まで釣って六〇五尾で納竿しました）で良い釣りをしたゴロタの上手へ行きました。右岸、東西線車庫前。心のどこかに、本日はいただきという安直な気持ちがあったと思います。こんなときは失敗をしがちです。

水位が低いので、ミオ筋の斜面を一・八メートルのサオ一杯まで釣ってみました。しかし貧果。アレッと思い、水深〇・五〜一メートルの場所に移動しました。チリチリのアタリの連続。

それからは、ゴロタの上手一帯を頻繁に移動して様子を探りました。一時間釣って一〇〇尾。水温低下と北東の強風が原因のひとつでしょう。

満潮が八時一〇分なので、水位が高くなるまでは浅場で辛抱し、下げが効くのを待って数をまとめようと思いました。

そのために、一ヶ所で三〇尾ほど釣ると即座に移動。右舷で一五尾、左舷で一五尾という具合です。だから、私の釣った後もハゼはかなり残っているはずです。こうして同エリア内を行ったり来たりしました。五〇〇尾になるまで長く感じました。

下げ潮が効いてミオ筋の斜面で釣れた

一〇時、かなり水深が浅くなってきました。

ゴロタの上手七〇メートル、目印の棒が二本立っている場所へ行ってみました。棒の内側に牡蠣の山があります。牡蠣山の手前にアンカーを入れ、干潟になる斜面からミオ筋にかけて釣りました。思ったとおり、一二～一三センチの良型の入れ食いです。

朝一番とほぼ同じ水位なのに、今度は入れ食いです。これだからハゼはわからない。時計を見ると、ちょうど正午でした。釣り始めて六時間で七四〇尾を数えています。ほっとしました。かなり挽回できたようです。

午後はカニの横ばいのように移動し、一・八メートルのサオで道糸が一〇センチ余るラインを積極的に釣りました。風が強かったため二・一メートルのサオは出しませんでした。

ゴロタ上流の牡蠣山で良型を数釣り

ゴロタの棒から上流のミオ斜面には牡蠣の群落が帯状に連なっています。大潮でも露出しないので、あまり人に知られていません。この牡蠣の付近を徹底して釣ってみました。根掛かりするものの、良型ばかりです。その斜面をちょっとでも外れると型が小さくなり、一三センチ級がときおり交じる程度に減ってしまいます。

午後からは型狙いで釣りました。大釣りを放棄したので、ともかく一〇束に乗せればいい。気持ちが楽になったぶん、型狙いで遊んでみたわけです。

思いのほかの釣れ具合で、すぐ夢中になりました。エサはタラシをたっぷりと出しているので、七～八センチ級はアタリだけ。最初は一二～一三センチ級ばかり釣れました。エサが食いちぎられて小さく軟らかくなったころ、一〇センチ未満が釣れてくる。面白くて仕方がありませんでした。

風と波は一向に静まる気配がなく、スタミナも切れてきたようです。おまけに、今週は月水金と三回もハゼ釣りをしたのだから、もういいかという気持ちになりました。つまり、気持ちが切れたわけ。

風向きが東に変わり、帰るのに骨が折れます。スポーツセンターのボート漕ぎのつもりで、エッサエッサとオールを漕いで桟橋へ戻りました。

22. 青潮被害の軽微なエリアで大釣りに成功

九月二日（火）**一〇束釣り連続二三回目**　秋ハゼのミャク釣り。**八～一四センチを一〇二九尾**（ヒネ四尾含む）。船宿、伊藤遊船。一〇〇〇尾を数えた時点で三〇分の早上がり。釣り場は「**市川水路**」を選び、ワンチャンスをものにできました。満足でした。

大潮、満潮六時〇三分、干潮一二時二一分。あさってから中潮になります。朝の満潮時は時速二〇〇尾のペースが二時間続きました。一〇～一四時は水がなく、チョロチョロの釣りでしたが、辛抱してコツコツと拾いました。上げ潮が効いてきてからはそこそこに釣れました。このポイントは小潮回りで終日潮が高いほうが釣りやすい気がします。

朝の水温二三度、朝の気温二五度。水は冷たかった。水は濁っており上流の山砂色。川の水を舐めてみると、塩辛くなく、表面は真水でした。

晴れ、北のち南西の風がややありました。釣り場は風を避けているので、爽やかなわりに蒸し暑かったです。オシボリ二本使用。ポカリスエット一・八リットルを一本飲んでしまいました。

六時から一五時三〇分まで九時間三〇分の釣り。平均一〇八尾／一時間のペース。八時までに四〇〇尾、二〇〇尾／一時間。あとはチョロチョロの釣りで、五束～八束に達するまで辛抱が必要でした。食いが立っているときにガバッと釣るのが私の釣りパターン。

■市川水路には町中から雨水などの真水が注ぎ込む■

朝一番で「市川水路」へ行きました。聞き慣れないと思いますが、本日の私の選定場所です。晩秋から初冬にかけて行徳港内で落ちハゼのリール釣りをしますが、港の最奥部、右手の水路を入った奥になります。

選定した理由。ここは千葉県指定の「野鳥の楽園」から雨水を含んだ排水が流れ込みます。中江川排水機場と湊排水機場からも雨水が排水されます。

江戸川放水路では、前代未聞のひどい青潮被害が発生していました。市川水路はこの間に降った雨水が連日のように放水され、被害は軽微だったのです。ハゼの死骸はほとんど見られませんでした。また、水路両側に工場群があり、工場敷地内に降った雨水が土管から水路内へ排水されていました。

以上のことから、市川水路内にはかなりの数のハゼが生き延びている可能性があると推定したのです。放水路には他宿のボートなどが出ており、釣れ具合の情報は後で入手できるものと判断しました。そこで急遽、市川水路を釣ってみました。散らばって釣れば全体の状況がわかるからです。

伊藤遊船さんに無理を承知でお願いし、市川水路まで曳船してもらいました。ちょうど行徳可動堰が閉められた翌日で、青潮が終息した直後の試し釣りです。

一・八メートルのサオで釣れる範囲だけを釣る

市川水路内は両側が切り立った岸壁で、岸から五メートルほどが斜面になっています。満潮時で水深五〇センチから一・八メートルのサオ一杯までが釣りポイントです。

その先は急激に落ち込んで深くなるため、どちらかというとリール釣りのエリアです。ミャク釣りをするには、干潮時でも二・七メートル以上のサオが必要。中央がドン深なのは、タグボートに曳かれた大型船が一ヶ所だけ奥まで入るからです。

私は一・八メートルのサオで釣れる範囲内の深さを釣ることにしました。潮の干満にかかわりなく、終日そうやって釣りました。

ゴロタ石や牡蠣、沈んだ流木などがあり、多少は根掛かりします。我慢しながら釣りました。釣れるハゼは一〇センチ以上の良型ばかりで、八～九センチはエサが小さくなってから釣れる程度。私のエサが大きいのと、良型が多いことから、中型以下がハリ掛かりする暇がなかったのだと思います。

料理上手ならテンプラ用に開けるサイズのハゼばかりです。このような釣りは早い者勝ちとなるでしょう。

市川水路で腰を据えて釣るのは一五年ぶり

通常、江戸川放水路のボート屋さんは市川水路に来ません。遠くて送迎が大変なのと、このエリアをテリトリーにする船宿さんへの遠慮があるためかと思います。

そうは言っても、放水路のハゼはノックアウト寸前の状態です。今年は未曾有の青潮被害で、直後に洪水もあり、ハゼにとってはダブルパンチでした。

釣り人は誰でも我慢しきれない一面を持っていると思いますが、私もご多分に漏れずそういう性格です。釣りたい一心で頼み込み、例外的に曳船をしてもらいました。

釣りに来た人が釣れないでしょんぼり帰るのではどうしようもありません。坊主覚悟などと口では言っても、実際に釣れないとがっかりしてしまいます。本日は例外中の例外の釣果。市川水路で腰を据えて釣ったのは一五年ぶりのことです。

資料　青潮被害と洪水の経過

以下の資料は「和明サイト」http://www.s-kazuaki.com の掲示板に発表した、江戸川放水路の青潮被害の模様と洪水情報の再録です（かな遣いなど一部修正）。

この年の一〇束釣り記録を読み返すと、青潮発生の兆候らしきものが多々あったように思われます。

私を含めてすべての関係者の方々がその兆候を見逃していたと思います。たとえば、下流に行くほど魚影が薄くなる現象もそのひとつであったに違いありません。

このこともあって、下流域での一〇束釣りを今シーズンは逃してしまいました。

兆候を見逃した原因は、ここ三〇年来、大きな青潮被害に見舞われたことがなく、過去の記憶が薄れていたためではないでしょうか。つまり、不意打ちを食らったわけです。

「天災は忘れたころにやってくる」という格言が身にしみた出来事でした。これから将来も心したいものです。

八月二三日（土）一八時五七分　青潮報道

本日二三日讀賣新聞朝刊に、船橋沖と千葉沖で青潮発生の記事がありました。午前九時過ぎに江戸川へ行きました。川は平穏で、ハゼも釣れていました。行徳までは悪い潮が押してきてはいないとの情報。ひとまず安心。

ハゼが大量に浮いてしまったり、死んだりするのは願い下げですが、少々酸欠で食い渋る程度であれば、今の東京湾ではやむをえない許容範囲かも。

そんなときは風下の、波打ち際の「超」浅場で釣るに限ります。入れ食い間違いなし。腹をすかしたハゼが食いついてきます。悪条件を逆手に取った荒業です。その荒業も、ハゼが死んだり、大量に浮いて流れたりしているときは効果なしです。そんな青潮はここ一〇年は見ていません。

あした雨、あさっても雨、という予報。あしたには沖の潮が直っているのかも、という希望的観測。江戸川には影響なかった、という可能性は大。最悪、あさってには直るだろうという切ない気持ち。

それと気になる月曜日の天気。潮はよくても大雨予報なら釣行中止か？

（注）前日の二二日に釣行し、一〇束釣り二一回目一一六六尾を記録しましたが、釣行記で青潮発生を危惧していました。

八月二四日（日）　一三時三一分　江戸川が青潮になった

本日、江戸川放水路内に沖の青潮が入ってきました。ハゼが大量死するようなひどいものではありませんでした。

明日のことはわかりません。状態が改善されることを願っています。その可能性は大だと思っています。

明日は私の釣行予定日です。

八月二五日（月）　五時三九分　青潮のため釣行中止

二五日早朝、伊藤遊船さんへ釣りのために行きました。

川面はバスクリンを流したような色でした。青潮でした。

ハゼは浮いているとか、死んでいるとかは確認できませんでした。

ともかく、釣りは中止して帰宅しました。一日も早い水質回復を願うのみです。

八月二五日（月）　一三時五九分　一四年ぶりの大規模発生

本日正午、本日二回目、江戸川を見に行きました。

波打ち際には、ハゼ、セイゴ、マゴチ等々の死骸が累々と転がっていました。足の踏み場もないほどです。

一九九四年八月二二日に発生した青潮被害（拙著『江戸前のハゼ釣り上達法』参照）に匹敵すると思われるほどの被害です。死んだハゼは、おそらく数十万尾になると思われます（個人的見解）。ただ、この青潮は明日も明後日も続くと思われますので、さらに被害は甚大でしょう。

東京湾は「死んだ」と言ってもいいくらいです。湾奥の行徳から、船橋、幕張沖まで広範囲に青潮が広がっているそうです。

アサリ漁の漁師さんたちも真っ青になっているとか。アサリも口をあけてしまったものが出ているそうです。つまり、死んだということです。

今後の見通しですが、推移を見守るしかないのですが、南風あるいは南東の風、南西の風などが吹き込むようになれば改善すると思います。東の風、北東の風が吹き続ける間は厳しいと思います。

今の時期は例年、台風の接近などで北東の風が強く吹いて青潮が発生してきましたが、今回のような大規模なもので、江戸川のハゼが大量死したのは一四年ぶりです。

釣りそのものは、一四年前の場合も再開できましたので、今回もその心配はしていません。ハゼはしぶとく生き残るからです。八月二九日ごろには釣りができるのではないでしょうか。私だって、そんなに長く待たされたらプッツンしてしまいます。気持ちとしては、今週後半にはハゼ釣りを再開したいと思っています。一〇束釣り記録は、たぶん途切れるのではないでしょうか。

なお、私は地元の人間ですから、なるべく毎日、江戸川を見に行って、情報を掲示板で発信したいと思っています。

八月二六日（火）　八時一八分　朝の青潮の様子

本日午前七時四〇分、江戸川の伊藤遊船さんへ行きました。女将さんと船頭さんが来ていました。

川はまだ青潮で、バスクリン状態でした。昨日、大量に死んで岸際に打ち上げられていた魚は、干からびて満潮の潮で浮いて流されたものと思われます。また、鳥やカニに食べられたものもあるでしょう。ともかく、昨日に比べたら激減というほどに、死骸の数は少なかったです。でも、ハゼなどの新しい死骸は、大量というほどではないけれども点々とありました。死臭も漂っていました。

悪い情報ばかりですが、ひとつ良かったと思うことは、新たに死んだハゼの死骸が昨日に比べて絶対的に少なかったことです。

ハゼは悪条件の中でよくがんばっていると思います。この時間は上げ潮にかかった時間ですが、正午ころにどのようになっているか、確かめたいと思っています。

八月二六日（火）　一三時二六分　ハゼは元気でした

一一時三〇分、伊藤遊船さんへお邪魔しました。上げ潮で水位が高くなりつつありました。

水の色は朝と同じような状態ですが、昨日よりは何か穏やかな気がしました。水面には、オボコ、イナッコ、セイゴなどが集団で泳ぎ回っていました。

岸辺の波打ち際、ハゼの背中が隠れるくらいの「超」浅場に、ハゼが密集していました。近づくと、土煙を派手に上げて、ザァーッと音を立てて逃げます。大変な数のハゼです。

ハゼは、一匹が位置を決めると、他のハゼが背中に乗り、またその上に乗ります。これはハゼの知恵でしょうか、本能でしょうか、青潮は下にあるわけですから、少しでも高い位置へと盛り上がるのです。団子状態、塊のようになるわけです。

岸から見ると、茶色い、真っ黒い、そんな塊が帯状になって、延々と続くわけです。人や鳥が近づくと、いっせいに沖へ逃げ散るのです。それはそれは見事な逃げっぷりです。

本日は、ハゼのそんな逃げ足を観察できて、私自身も元気をもらったわけです。大変な数の、数え切れないくらいのハゼが、まだまだ青潮に耐えていると思ったのです。

あと一日か二日がんばれば、青潮も終息に向かうのではないのかと、希望的観測をしています。問題は、明日の気温と風向きと、風の強さです。千葉県北西部地方の予報（〇四七―一七七）は、ハゼにとって厳しいものだと思っています。


八月二七日（水）　九時二七分　ハゼさん、今日一日頑張って!!


八時三〇分、伊藤遊船さんへ行きました。干潮時間でした。

川からは青潮特有の硫黄の臭いがしてきます。帰り際には臭いが鼻について頭が痛くなりました。水質の改善はされていないようでした。

二五日朝にハゼの大量死を見てから本日で三日ですが、さすがに、そのときに生き残ったハゼの中で体力のないハゼが、ヒョロヒョロに弱ってきたようです。このままでは、二回目のダウンがでてきそうです。

本日はあいにくの晴れ間、風弱く、気温も高め、これは普段のときでもハゼの食いが悪くなる要素。気持ちとしては、早くザァーッと強めの雨がほしいところ。そうすれば酸素がかなり補充されます。今夜は雨、明日の朝まで雨ということ。そうなってほしいところです。

潮回りも大きくなってきたので、期待しているところです。

八月二七日（水）　一四時三九分　二回目の大量死一〇〇万尾か？

一三時三〇分、江戸川の伊藤遊船さんへ行きました。二五日朝に続いて、ハゼの二回目の大量死です。残念でなりません。個人的な経験からの推定では、今回だけで一〇〇万尾に達するでしょうか？　気が遠くなるような数です。江戸川中がこうですから。

本日八時三〇分には、弱ったハゼはいましたが、死骸はいくらもありませんでした。上げ潮が効いてきた時間に視察したのですが、朝から四時間ほどで一気にダウンしたようです。

水際の水深五センチの水温は測りませんでしたが、手を入れると生あたたかいので、三〇度近かったと思います。ガンガン照りですから、水際の水温が急上昇したのです。体力の弱っていたハゼは、水際まで来てついにダウンしたと思われます。

その場で生きているハゼも、水際にしゃがんで、手づかみでいくらでも捕まえることができました。私だって捕まえてみました。釣りに来た人は、バケツとかビニールを持って、手づかみでハゼを捕まえていました。

ハゼの体力も限界に近づいていると思われます。

ハゼのために何もしてやれないのが残念です。このように情報発信しているだけなのですから。

今夜は雨だといいます。ザザ降りの大雨であればいいと思っています。行徳可動堰が開門されないのであれば、酸素補給は空頼み、天頼りしかありません。

ハゼの大量死をこれ以上食いとめられないのであれば、もうそれは人災なのではないでしょうか。

八月二八日（木）　八時三三分　死屍累々と水質改善の兆し

七時一五分、江戸川へ行きました。

東西線鉄橋から下手、送水管までを見て歩きました。ハゼの死骸が累々と山になり、重なり合い、干潟が足の踏み場もないほど。岸から三〇メートルの水際まで続いていました。死臭がものすごかったです。昨夜の満潮で死に、引き潮で干潟に取り残された死骸です。これは誇張でもなんでもありません。事実をそのまま書いています。

江戸川放水路右岸。青潮の被害にあったハゼ。白く見えるものはすべてハゼ（中流域）

下流へ行くほど被害が大きい

昨日の午後の観察数一〇〇万と書きましたが、それに上乗せする数がどれほどでしょうか。目撃の惨劇は昨日を上回っていました。大きなアカエイ、ぶっといウナギの死骸もありました。

川の水は、昨日よりはずっと良くなっているように見受けられました。バスクリン色が薄くなってきているのです。ムラが出てきました。良い兆候です。

水際には元気の良いハゼが多数群がっていて、近づくと土煙を上げて逃げます。ヘチの水深五センチくらいのところにハゼが無数に突っかけているということは、まだまだ水質が完全に改善されたと言い難いわけですが、死んだハゼがたくさんいるにもかかわらず、元気なハゼがそれ以上に数え切れないくらいいることに、とても感動しました。青潮に耐えられる、それこそ強いハゼだけが生き残るということになっているのだと思います。

本日は南東の風になるという予報です。一刻も早く南寄りの風が吹き込んでくることを待っています。強めの雨も降ってほしいものです。

今度の土曜日あたりに、ハゼ釣りが再開できればいいのだがと思っているところです。どうなりましょうか。

八月二八日（木）　一四時三三分　午前中は死ななかったようです

一三時三〇分、江戸川へ行きました。

今朝死んだばかりのハゼが、上げ潮に押されて岸の水際へ打ち寄せられていました。死骸を見れば、いつごろ死んだものかがわかります。本日の朝以降に死んだハゼは交じっていないように思えました。それだけが救いです。

水際には、カニが大量にウジャウジャといて、死んだハゼを食べているのでしょうか、ともかくたくさんいました。カニは掃除人です。

昨日の午後に来たときに、水際で生きていて、しかも、手づかみで捕まえることができたハゼたちは、今朝までにほとんど死んでしまったようです。捕りきれないので、大部分がそのまま生きたまま放置されましたが、そのハゼたちが今朝までに死んでしまったようです。

今現在、期待していたほどの雨は降っていません。ときどき晴れ間があります。気温は三一度。水際は昨日と同じく生ぬるいです。

八月二九日（金）　九時一九分　棒ウキのように漂う

午前八時三〇分、伊藤遊船さんへ行きました。船頭さんがボートの水汲みをしていました。

水の色は大分改善されました。それでも岸際近くの数メートルにはまだまだバスクリン色が残っていました。

ハゼは栈橋から見た限りでは、棒ウキのように突っ立って、息も絶え絶えに引き潮に流されていました。栈橋にも五尾、一〇尾とかたまって次々と流れてきます。手を差し出すと、ツッと逃げるのは元気がいいハゼ。そのまま手のひらに入ってしまうのは絶命寸前のハゼです。半々くらいだったでしょうか。ハゼの余力もギリギリのところまで来ていると思います。ハゼは苦しいから空気中の酸素を吸うために棒のように立つのです。やがて力尽きて溺れて死んでしまいます。ハゼも溺れるのです。もう一息なのにかわいそうです。

このままでは三回目の大量死になるかもしれません。ただし、棒ウキのハゼは力尽きてそのまま沈んでしまいますから、沖目を漂っているハゼの死骸は浮いてこない限り見えません。鳥に食べられたものを含めて、かなりな数になると思います。

浮いてしまうのは最後の赤信号です。かもめが一〇〇羽以上でしょうか、水面を漂いながら棒ウキ状態のハゼを食べていました。干潟で死んで転がっているハゼには見向きもしません。コガモも一〇羽ほど泳ぎながらついばんでいました。

早く上げ潮になればいいと思いました。沖の潮が良いか悪いかわかりません。好転することを願っています。

この様子では明日の土曜日の釣りはできないかもしれません。午後の様子で私も釣行を決めようかと思っています。

なお、ハゼは痩せてしまいました。この一週間はろくすっぽエサを食べていないと思われます。ですから、水質が戻って釣れるようになりますと、信じられないくらいの荒食いをするのです。

八月二九日（金）一六時〇五分　ともかく一尾釣れました

一四時前に伊藤遊船さんへ行きました。

水は赤茶色で、俗に赤潮と呼ばれる夏本来の色に近い色です。朝見たとき、水面に棒浮きのように浮かんでアップアップしていたハゼは、水面に一尾もいませんでした。水際へ行きましたが、昨日まで水深五センチの浅場にあれほど突っかけていたハゼたちの姿を、まったく見ることができませんでした。

以上のことから水質が改善されたものと判断しました。午前に見てから五時間ほど経過した時点ですが、問題は、いつごろから活発に口を使い始めるかです。

そこで、船頭さんのサオを借りて、桟橋で試し釣りをしてみました。七ヶ所で釣って三ヶ所でアタリがあり、一尾を釣りました。エサは尻尾の細い部分を使い、タラシを一・五センチと長くつけました。釣れなくてもいい、アタリが出ればいいという釣りでした。

一四時半の気温は三三度で、これは残暑です。天気情報はまったくの外れです。ハゼの絶対数が、この一週間で少なくなっていることもあり、個体数が回復するまで若干の日数がかかると思います。それでも、水質が改善されればそれなりに釣れると思います。

八月三〇日（土）　一二時五七分　機嫌がとても悪いハゼ

八時三〇分、伊藤遊船さんへ行きました。

干潟の上に潮吹き貝の死骸が無数ある

ボートが出てハゼを釣っていました。様子を見に行くというので、船頭さんの船外機つきボートに便乗させてもらいました。途中、あちらこちらでサオを出しながら行きました。アタリなし。ボートの人も釣れていないとのこと。ハゼの機嫌がきわめて悪いと言えます。

干潟には、これほど貝がいたのかと思うくらい、潮吹き貝の死骸が大量に転がっていました。干潟の土がまるきり見えないほどです。干潟の色が貝の色で埋まっています。下流へ行くほど死骸の数はさらに増えます。私はこれまで、江戸川でこんなにむごい光景を見たことがありません。これでは海水の浄化作用にも大きな影響があると思われます。

結局、あちらこちらと思い立った場所で

釣ってみましたが、あるエリアでアタリを出せました。一〇時から一一時まで一時間釣って、ちょうど四〇尾でした。久方ぶりに「良い思い」をしました。うれしかったです。船頭さんから借りたサオは一・八メートル一本、袖バリ3号、ミャク釣り。

情報がひとつ。国土交通省江戸川河川事務所からの事前連絡で、行徳可動堰を開門するかもしれないということ。本日正午現在では開くか開かないかは未定。本日朝現在で、行徳可動堰から水があふれ、放水路側に流れ落ちていました。原因は利根川流域に降った豪雨。利根川が洪水になっていて、その洪水を江戸川放水路へ放流するらしい。

私も心配ですから、可動堰上流は毎日見ていました。旧江戸川（昔の本流）は連日、濁流をディズニーランド方向へ流していました。本日朝は、可動堰上手の野球場などがある河川敷に川水が厚くかぶっていました。

八月三〇日（土）　一五時二一分　明日オデコ覚悟で釣ってみようか！

一四時三〇分、江戸川へ行きました。

行徳可動堰の上手の水位は、朝よりずっと下がって、平水よりは少し多いかという水位でした。

船宿さんは、早々に乗合船を避難させたところもあれば、まだ川にもやってあるところもあり、まちまちです。今のところ水門は開かないと思われます。

東西線鉄橋の下手で釣りをしている家族がいましたので、青イソメを二センチほどもらってサオを出してみました。お天気雨が降ってきて短時間しかできませんでしたが、アタリはありませんでした。

水は赤ニゴリで、青潮の色ではありませんが、どうも今ひとつ納得がいかない色です。ハゼのご機嫌が悪いのもそのへんが原因かもしれません。


八月三〇日（土）　二〇時〇七分　行徳可動堰が開門されます

二〇時〇〇分現在の情報。

江戸川放水路と江戸川本流を隔てている行徳可動堰が開門されます。開門日時は八月三一日午前七時の予定と聞きました。開門予定日時は不明です。

船宿は二〇時現在、船、ボート、桟橋などの移動作業中です。

濁流が渦を巻いて流れますので、ハゼのボート釣りは全面的に禁止です。

情報を入手次第速報します。


八月三一日（日）　九時〇〇分　濁流が流れています

午前７時40分に河川敷を冠水し、轟々と音を立てて流れる濁流

午前六時五〇分、行徳橋へ行きました。可動堰上流では河川敷が冠水していました。パトカー、消防車、国交省その他関係者の規制が厳しくて、河川敷内への立ち入りは禁止されていました。

七時四〇分、三基ある水門のうち一基がまず開門されました。轟々とすさまじい音を立て、濁流が渦を巻いて下っていきました。

伊藤遊船さんの近くへ行きました。消防車がいて、女将さんや船頭さんもいました。河川敷へは下りることができません。知らずに釣りに来た人が、消防署の人たちに説得されて立ち去りました。

八月三一日（日）　一五時一〇分　陸釣りで釣れていました

一四時二〇分、江戸川へ行きました。

パトロール車に訊いたら、水門は全開であること、一一時〇〇分まで河川敷内は立ち入り禁止だったが、それ以後は禁止を解いたとのこと。干潮時間で水位が下がったためです。しかし、流心の流れは強いです。

一五組ほどのカップルが釣りをしていて、二尾、二尾、一尾、一尾と四組が釣れていました。水の色はとても良くなりました。これならば釣れるはずです。青潮の水は、洪水とともにどこかへ流れていってしまいました。

閉門予定はまだ未定です。

九月一日（月）　九時〇七分　水は良くなったようです

八時一〇分、江戸川へ行きました。

可動堰は全開ですが、午後に閉める予定だそうです。明日ボート釣りが再開できるかどうか、今現在では不明です。

水温は測りませんでしたが、手を入れると冷やっこいです。上流から流れてくる雨水はいつもこうです。

右岸、東西線鉄橋下手で陸釣りをしている人たちが四組いました。ウナギを釣っている人がいて、「ウナギは釣れないがハゼがポチポチ」と言っていました。ハゼ釣りの人はリールで投げていて、釣れたペアが一組、釣れないペアが一組。一人でミャク釣りの人は、私が見ているときに一尾釣りました。これで二尾目だとか。

ハゼその他の魚の死骸は、大部分が流されたようです。風向きによって、少しばかり死臭がすることがありました。

九月一日（月）　一八時一八分　水門閉まりました

一四時〇〇分、行徳可動堰が閉まりました。

川の中はどちらかというとまだ真水のほうが多いと思いますが、大潮で、今夜半の干潮で潮が替わりますから、だんだんと海水の割合が高くなるでしょう。水面近くが真水、川底は海水が多くなると思います。

日程の都合がつき次第、試し釣りに行きたいと思っています。

青潮情報、洪水情報は、今回をもって終了いたします。

江戸川放水路ハゼ釣果

年	総尾数	10束釣り回数	備　　考
1989年	13829 尾	1回	7月8日1186尾、ミヤク509尾／回
1990	5519	1	
1991	2195	0	
1992	14019	4	
1993	3993	1	
1994	21391	6	
1995	23267	10	9月23日リール614尾
1996	40126	22	6月23日1959尾、ミヤク1002尾／回
1997	10579	3	
1998	27132	15	
1999	9921	5	
2000	16814	2	
2001	5171	0	
2002	14011	6	
2003	30711	17	ミヤク1086尾／回、10束釣り連続15回、10月17日リール623尾
2004	23117	11	11月3日深場の落ちハゼリール447尾
2005	31780	18	ミヤク1030尾／回、10束釣り連続15回、10月7日リール739尾
2006	14793	3	
2007	32274	19	10束釣り連続18回、7月26日1709尾、10月10日リール635尾
2008	30088	22	10束釣り連続22回、ミヤク1188尾／回、越冬したハゼのリール釣り310尾
20年間	370730 尾	166回	

■釣りキチのひとこと■

一、決して釣りすぎだとか、釣果を競っているとか、批判しないでいただきたいこと。
二、一日で一〇〇〇尾釣れる「技術」が存在すること。そしてそれだけの魚がいることを知ってほしいこと。
三、私の体験によれば、最高七〇〇尾釣る人が一〇〇〇尾釣れるようになるには、技術的進歩とともに精神的な飛躍を必要とすること。
四、年ごとの釣果の違いは、魚族の生息数の違いではなく、釣り人である私の都合でそうなったこと。たとえば、他魚の釣りをしていたためなど。一〇〇〇尾超の実績の多少も同様であること。
五、釣ったハゼはすべて食されたこと。
六、釣り可能時間は、午前六時から午後四時まで、サオ一本、ハリ一本であり、季節と釣れ具合によってサオを二本使うこともあること。なお、年間総尾数にはリール釣りの釣果が含まれていること。
七、釣果は自己申告ではなく、伊藤遊船その他の船宿の現認であること。

（拙著『僕らはハゼっ子』より）

あとがき

江戸川放水路のハゼ釣りは私の生活の一部になっています。あるいは、生活の中心的位置を占めているかもしれません。

ハゼ釣りにおいでになる方々の思いはさまざまです。その人の「環境」がそのような「考え方」を育むと思います。

ですから、私の釣りを、自ら進んでみなさんにお勧めすることを、極力控えてまいりました。

でもそのことと、後世に役立つかもしれない事実や記録、技術を公開することは、別次元のことだと思っています。

釣り師というものは、いつの世も、釣りの自慢話をすることに無上の喜びを感ずる「種族」だと私は思っています。

そんな釣り師の一人がこの私です。

本書は、自慢話を満載した本とご理解いただいてもいいかと思います。

しかし、重複するような本文の記述の一節一節から、珠玉の教訓を拾いとっていただけたら、それに勝る喜びはありません。

限定された釣りポイントであっても、釣る日が異なれば条件は一変します。同じ日でも釣る時間によって刻々と変化します。

まったく同じ条件というものは、未来永劫あり得ないことなのです。変化し、変転する環境と、それに対応して生きるハゼに、釣り人の釣技をどのように連動させていくのか、さまざまな角度から本書を読んでいただきたいものです。

私の現在のひそかな思いは、最期まで現役釣り師として生きたい、ということです。

私の血肉にまでなっているハゼ釣りを、これからも続けていきたいと願っているのです。

江戸川放水路で、いつの日にかお会いしましょう。

二〇〇九年二月吉日

鈴木和明

著者プロフィール

鈴木 和明（すずき かずあき）

1941年、千葉県市川市の農家に生まれる。幼年時代から竹ザオを持ってハゼを釣り歩く。サラリーマン時代は会社の釣りクラブ幹事長·会長を務める。

1984年、司法書士·行政書士事務所を開設。

1989年、江戸川のハゼの数釣りに挑戦。7月8日1186尾を釣る。同年ワンシーズン13829尾、ミャク釣り509尾／回。

1996年、自己記録　6月23日1959尾、ミャク釣り1002尾／回、1000尾超釣り22回、ワンシーズン40126尾。

1999年、執筆活動を始める。

2003年、自己記録　ミャク釣りで1086尾／回、1000尾超釣り15回連続を達成。10月17日リール釣りで自己記録623尾。

2004年、自己記録　11月3日深場の落ちハゼリール釣り447尾。

2005年、自己記録　10月7日リール釣りで739尾、ミャク釣りで1030尾／回、1000尾超釣り連続15回達成。

2007年、自己記録　1000尾超釣り連続18回を達成、7月26日1709尾、10月10日リール釣りで635尾、リール釣りで500尾超釣り累計11回。

2008年、自己記録　1000尾超釣り連続22回を達成、ミャク釣り1188尾／回、越冬したハゼのリール釣り310尾。

以上はhttp://www.s-kazuaki.comで公開中。

南行徳中学校PTA会長を2期務める。新井自治会長を務める。

「週刊つりニュース」ペンクラブ会員。出版コーディネーター。市川博物館友の会会員。

新井熊野神社氏子総代。

趣味：読書、釣り、将棋（初段）。

ハゼと勝負する

2009年4月15日　初版第1刷発行

著　者　鈴木 和明
発行者　瓜谷 綱延
発行所　株式会社文芸社
〒160-0022　東京都新宿区新宿1－10－1
電話　03-5369-3060（編集）
03-5369-2299（販売）

印刷所　株式会社平河工業社

ISBN978-4-286-06893-0